EQUADOR

Rafael Correa

EQUADOR
DA NOITE NEOLIBERAL
À
REVOLUÇÃO CIDADÃ

Tradução
Emir Sader

© Rafael Correa Delgado, 2009
© para publicação no Brasil, La Embajada de la República del Ecuador en Brasil, 2014
© desta edição, Boitempo Editorial, 2015
Título original: *Ecuador: de Banana Republic a la No República*
Este livro contou com o apoio da Embaixada da República do Equador no Brasil e, especialmente, do embaixador Horacio Sevilla Borja.

Direção editorial	Ivana Jinkings
Edição	Isabella Marcatti
Coordenação de produção	Livia Campos
Assistência editorial	Thaisa Burani
Preparação	Thais Rimkus
Revisão técnica	Carlos Serrano Ferreira
Revisão	Tatiana P. Valsi
Diagramação	Antonio Kehl
Capa	Pianofuzz Studio

Imagens no verso da capa Bureau of Public Roads, *42-5369 - Shepherd boys - Pan American Highway near Chimborazo mountain* (Wikimedia Commons); Kangrex, Villa La Union, Chimborazo, Equador, 18 ago. 2008 (flickr)

Equipe de apoio Allan Jones, Ana Yumi Kajiki, Artur Renzo, Bibiana Leme, Elaine Ramos, Francisco dos Santos, Giselle Porto, Ivam Oliveira, Kim Doria, Leonardo Fabri, Marlene Baptista, Maurício Barbosa, Renato Soares, Thaís Barros, Túlio Candiotto

CIP-BRASIL. CATALOGAÇÃO NA PUBLICAÇÃO
SINDICATO NACIONAL DOS EDITORES DE LIVROS, RJ

C845e
Correa, Rafael, 1963-
    Equador : da noite neoliberal à Revolução Cidadã / Rafael Correa ; tradução Emir Sader. - 1. ed. - São Paulo : Boitempo, 2015.

    Tradução de: Ecuador : de Banana Republic a la No República
    glossário
    ISBN 978-85-7559-459-9

    1. Equador - Desenvolvimento econômico. 2. América latina.
3. Capitalismo. I. Título.

15-25422   CDD: 330
                                                                                CDU: 338.1

É vedada a reprodução de qualquer parte deste livro sem a expressa autorização da editora.

Este livro atende às normas do acordo ortográfico em vigor desde janeiro de 2009.

1ª edição: outubro de 2015

BOITEMPO EDITORIAL
Jinkings Editores Associados Ltda.
Rua Pereira Leite, 373
05442-000 São Paulo SP
Tel./fax: (11) 3875-7250 / 3875-7285
editor@boitempoeditorial.com.br | www.boitempoeditorial.com.br
www.blogdaboitempo.com.br | www.facebook.com/boitempo

SUMÁRIO

Prefácio a esta edição..7

Prefácio 11

Modernização sem desenvolvimento 15
    1. Tratando de nos modernizar..17
    2. A crise da dívida e a década perdida..............................25
    3. A longa e triste noite neoliberal......................................31

A entrega total do país...43
    4. A crise de 1999 e suas sequelas.......................................45
    5. O suicídio monetário equatoriano..................................59
    6. A "política" de dívida ou de maximizar o lucro dos credores..........69
    7. O *gutierrato*: o mesmo, só que pior..............................79

Reparando injúrias 85
    8. O populismo do capital..87
    9. A falácia do livre comércio..101
    10. Como uma ideologia se disfarçou de ciência................113
    11. A nefasta burocracia internacional e seus corifeus......119

Rumo a uma nova política econômica.....................................131
    12. Além da economia autista..133

Glossário e lista de siglas 149

Para Anne, Sofía, Ninique e Miguelito, meu fundamento

PREFÁCIO A ESTA EDIÇÃO

Quando este livro foi originalmente publicado, em 2009, o povo equatoriano já havia ratificado sua vontade de transitar para um novo modelo econômico, político e social, marcando uma ruptura no devir histórico do Equador. A Constituição de Montecristi, uma das mais progressistas em matéria de direitos e de garantias, acabava de ser adotada, apenas um ano antes, através de um referendo de ratificação.

Mas a história do Equador é também a história da América Latina. E se hoje o que une os latino-americanos é o porvir, temos de recordar que compartilhamos uma história de despojo, orquestrada por oligarquias internas e externas, defensoras dos interesses do capital, com o beneplácito de organismos internacionais que desprezam a soberania de Estados e reduzem o interesse geral ao simulacro da democracia liberal.

Este livro se nutre da reflexão desenvolvida na academia em torno da questão da submissão do Estado e da sociedade equatorianas aos imperativos do dogma neoliberal. No entanto, os artigos aqui presentes tentam fazer um exercício de memória, em um tempo em que se proclama até mesmo a obsolescência da história e se celebra orgiasticamente o espetáculo que proveem os meios hegemônicos sobre a política, sobre a sociedade, sobre a cultura, enfim, sobre a vida.

Mas pretende ser também uma ferramenta para aqueles que não tiveram nenhum papel no obscuro roteiro escrito pelos testas de ferro nacionais e internacionais do capital. De fato, muitos dos problemas estruturais mais graves da economia equatoriana são herança da época mais "próspera" do país: o maná petroleiro gerou dependência dos setores fiscal e externo e promoveu, talvez sem se dar conta, a estagnação do incipiente setor industrial e o agravamento da dívida externa, tanto pública como privada. Desde aquele momento e até pouco tempo atrás, a política econômica equatoriana foi orientada, primordialmente, a garantir a capacidade de pagamento do país para servir à dívida externa. Em 2000, de cada cem barris de produção petroleira, somente dois eram destinados à educação e à saúde do povo equatoriano.

Herdamos da década de 1980 a implantação do neoliberalismo como conceito estruturante do modelo econômico e, portanto, de uma concepção prática da vida em sociedade, à qual a política se submetia de maneira vergonhosa. Foi no marco desse novo paradigma que o Equador teve de enfrentar uma das piores crises econômicas de sua história, causada, principalmente, por profundos erros de política econômica e práticas financeiras ruins. O peso da crise não foi assumido pelos bancos privados, e sim transferido ao Estado, isto é, à sociedade equatoriana. Disso resultou o êxodo de 1 milhão de compatriotas, que partiram em busca de dias melhores no exterior. Graças a eles, no entanto, a economia equatoriana conseguiu sair da crise.

Os primeiros anos do século XXI foram marcados pela dolarização e pelas imposições econômicas das instituições financeiras internacionais, que, no fundo, sempre garantiram os interesses do capital financeiro especulativo. Os preceitos do pagamento imprescritível da dívida e a redução do gasto público pareciam estar gravados no mármore, atrasando, assim, o desenvolvimento nacional.

Com o fim da Guerra Fria, pretendeu-se proclamar o fim das ideologias e, portanto, o fim da história. Com mais força do que nunca assumiu-se o pensamento único neoliberal, que pregava o inevitável consenso sob o livre comércio e a institucionalidade liberal. Mas nós, equatorianos e latino-americanos, aprendemos com os erros vividos durante a longa e triste noite neoliberal.

A transformação das estruturas socioeconômicas não é imediata; à inerente lentidão dos processos de transformação soma-se a oposição – às vezes silenciosa, às vezes descaradamente malévola – das forças conservadoras, que sentem saudades de uma época em que um Estado mutilado e reduzido era servil tão somente aos interesses do grande capital.

Os efeitos sociais das políticas dos maus governos provocaram um esfacelamento do modelo econômico e político vigente. Por essa fresta penetraram os ventos de mudança que acabariam por enterrar o passado. Hoje é preciso reconhecer o papel do Estado como fundamental, afinal, ele é o agente que canaliza a planificação de políticas públicas e que permite aplicar novas estratégias econômicas e de desenvolvimento, com o objetivo de lograr uma transformação social real. Assim, a ação coletiva e do Estado para o desenvolvimento contradiz a apologia neoliberal do individualismo como motor da sociedade.

Desde que teve início o ciclo político latino-americano de governos progressistas, os esforços para superar, na teoria e na prática, os preceitos neoliberais deram seus frutos. De fato, os processos de integração que se consolidaram na região e que transcendem o âmbito comercial incluem hoje, de maneira preponderante, a necessidade da integração política.

Revitalizamos o Estado, priorizamos o uso dos recursos públicos e escolhemos pagar a dívida social em vez da ilegítima dívida externa.

No entanto, subsiste o desafio de construir e consolidar economias sustentáveis através do impulso do talento humano e do uso adequado da tecnologia, da geração de poupança pública para o investimento na produção local, como complemento da atração adequada de investimento estrangeiro, e da eficiente aplicação de recursos que garantam, mais do que a eficiência produtiva, o envio de fundos aos ramos socialmente mais valiosos.

Em síntese, apesar de termos tirado a venda dos olhos, ainda nos apoiamos nessa muleta que é a economia primário-exportadora. Por isso, nosso maior desafio é construir uma economia sólida e mais interdependente. Devemos nos esforçar para superar os dogmas econômicos que sustentaram o neoliberalismo e, sobretudo, elevar nossa consciência política para consolidar a transformação social em curso e sua continuidade no futuro.

Nossa luta é pela igualdade e pela justiça social, pela mudança da matriz produtiva, pela criação de oportunidades em um tempo de transformações de toda espécie e em todas as partes. Devemos combinar muito bem as opções de condução econômica e as ações políticas de curto, médio e longo prazo. Atualmente, estamos atravessando um desajuste econômico interno provocado pela queda internacional do preço do petróleo, mas tomamos medidas para aliviar o peso de governar sem desatender aos setores mais vulneráveis e para que as obras necessárias – e não as desejáveis – sejam executadas sem demora para o bem-estar de nosso povo. Estamos nisso e não vamos parar até mudar definitivamente o presente, esperando, com trabalho e alegria, o porvir.

Rafael Correa Delgado
Setembro de 2015

PREFÁCIO

Este livro é uma coletânea de artigos acadêmicos escritos entre 1993 e 2005. Eu estava trabalhando neste projeto no momento em que a minha vida mudou drasticamente, dia 21 de abril de 2005, quando fui nomeado ministro de Economia e Finanças da República do Equador, iniciando assim meu serviço público e dando fim a uma feliz e tranquila vida acadêmica. Se tivesse continuado na Academia, é provável que esta obra tivesse sido publicada há muitos anos. Lamentavelmente, até 2006 o projeto esteve paralisado pelas exigências de uma campanha presidencial que não nos permitia nem dormir. Como presidente da República do Equador, desde 15 de janeiro de 2007, finalizei este livro nas poucas noites de insônia que tive – em geral durmo pouco, mas bem –, nos ainda mais escassos dias livres, nas muitas e longas viagens realizadas – sempre na volta, porque na ida a quantidade de trabalho é imensa: discursos, lembretes etc. – e, por fim, em três dias providenciais de descanso obrigatório que tive em Cuba, depois de uma operação que fiz no joelho. É claro que, no processo da escrita, passamos pelo que nós economistas chamamos de "economias de escala", isto é, não podemos comparar escrever oito horas divididas em blocos de uma hora cada ao trabalho feito em oito horas seguidas. Da segunda forma, tem-se um avanço muito maior. Aqueles preciosos três dias de árduo e contínuo trabalho em Cuba, afastado das ocupações e das preocupações de meus afazeres tão especiais, era do que eu precisava para terminar esta obra.

Os dados apresentados normalmente se referem a 2004, o que permite trabalhar com estatísticas macroeconômicas definitivas. Isso não diminui em nada a atualidade de ideias, concepções e conclusões que surgem da análise dos paradigmas de desenvolvimento e da política econômica nas últimas décadas.

As fontes estatísticas nacionais são fundamentalmente bases de dados e publicações do Banco Central do Equador (BCE), do Instituto Nacional de Estatísticas e Censos (Inec) e do Sistema Integrado de Indicadores Sociais do Equador (Siise) e foram incluídas nas referências bibliográficas ao fim de cada capítulo. Em geral, coloquei expressamente no texto apenas a referência a fontes estatísticas que não correspondam a essas oficiais equatorianas.

Retrabalhamos os artigos para livrá-los da aridez acadêmica, torná-los, na medida do possível, de fácil leitura e colocá-los numa sequência lógica. Tomara que eu tenha alcançado esse objetivo, dado que poucas coisas me irritam mais do que os autores que escrevem para eles mesmos com a finalidade de parecer eruditos, mesmo que ninguém entenda o que quiseram dizer.

Como diz o provérbio popular, "há males que vêm para o bem". A demora que teve a elaboração deste livro em razão de meu ingresso no serviço público serviu para enriquecê-lo com a experiência acumulada a partir dos cargos privilegiados que a vida me permitiu ocupar nos últimos anos.

Tentei deixar o texto de modo que a leitura não dependesse de formação econômica, tratando de explicar de maneira simples os conceitos – às vezes complicados, mas indispensáveis –, acompanhando-os de exemplos ilustrativos. Peço desculpas antecipadamente se, em alguns casos, meus esforços foram inúteis.

Como menciono ao longo dos capítulos, não existe neutralidade científica, e isso de forma nenhuma exclui a necessidade de ser objetivo nas análises. A não neutralidade e a objetividade não se excluem.

Há de se ter em mente que os artigos originais foram escritos com toda a objetividade possível, mas também com total parcialismo por meu país e pela América Latina. Ao organizá-los nesta obra, transformando sua rigorosa estrutura acadêmica inicial, pude propor muito mais juízos de valor, isto é, colocar mais paixão por minha pátria e por nossa América. De minha parte, não posso deixar de me indignar pela fraude e pelo saqueio da região. Como não ficar indignado diante de extorsões como o bloqueio dos fundos bancários, a Lei de Garantia de Depósitos, o desfalque de nossa moeda, a renegociação da dívida do ano 2000 e a incapacidade de construir algo próprio e ser um vulgar e tardio imitador de estranhos paradigmas? Como não se enfurecer com a insuportável dupla moral de nossos dirigentes, com as políticas públicas decididas por burocratas apátridas, com a supremacia do capital sobre o ser humano? Se por meio deste livro eu transmitir – reflexivamente e, sobretudo, aos jovens – essa paixão e essa indignação, terá valido todo o esforço.

A partir da revisão histórica apresentada, se entenderão muitas das coisas que fizemos e estamos fazendo desde 15 de janeiro de 2007, com a Revolução Cidadã.

Como será possível perceber, a grande maioria dessas ações não são imperativos ideológicos, mas senso comum.

Agradeço a uma ex-aluna das mais brilhantes que tive, atualmente minha extraordinária colaboradora, Sandra Naranjo. Foi ela que se encarregou de polir e revisar os dados, verificar as fontes, a bibliografia etc. Claro que qualquer erro que tenha passado é de minha absoluta responsabilidade. Quero também agradecer a René Ramírez, Nathalie Cely e Pedro Eloseguy, pela revisão de texto e pelos valiosos comentários. A Ramiro Noriega e a Galo Mora, obrigado pela busca da editora. Finalmente, agradeço à Random House Mondadori, pelo entusiasmo com que aceitou a publicação do livro, apesar da limitação de tempo.

Eu gostaria de prestar reconhecimento também aos adversários da Revolução Cidadã, os quais, com as honrosas exceções de sempre, por sua mediocridade e pela falta de espírito patriótico, me animaram a encontrar tempo para escrever este livro e desvendar uma vez mais as visões e os interesses que eles defendem. Nosso Equador jamais foi, nem social nem economicamente, um paraíso, mas o que se conquistou nas últimas décadas não tinha de fato antecedentes. Daí o título original do livro, *Ecuador: de Banana Republic a la No República*.

Bolívar dizia: "Não nos dominarão pela força, mas pela ignorância". Temo que, de novo, o bom Simón tenha sido premonitório. Anseio que este livro ajude a verdadeira libertação de nossos povos, por meio do conhecimento e da compreensão das barbaridades que fizeram com nossos países, e que seja mais uma colaboração para nunca mais se repetirem erros passados.

¡Hasta la victoria, siempre!

Rafael Correa Delgado

MODERNIZAÇÃO SEM DESENVOLVIMENTO

1. TRATANDO DE NOS MODERNIZAR

A ÉPOCA PRIMÁRIO-EXPORTADORA

Durante o período colonial, os domínios espanhóis do que mais tarde se denominaria América Latina tiveram um incipiente desenvolvimento de sua base produtiva, mesmo que frequentemente esse avanço tenha se devido a altos graus de exploração da população indígena por meio de instituições como as *mitas*, as *obrajes* e as *encomiendas**. Com a independência, as novas repúblicas se integraram ao comércio internacional – naquela época denominado Império Britânico – basicamente como provedoras de matéria-prima, o que gerou a ruína da nascente manufatura local e, aos poucos, determinou a condição primário-exportadora da economia dos novos países.

O Equador não fugiu a esse padrão e, desde o fim do século XIX até a segunda metade do século XX, baseou sua economia na exportação de cacau, que chegou a constituir 80% do total das exportações nacionais. As crises políticas e as principais transformações socioeconômicas desse período, entre elas o surgimento de uma poderosa classe agroexportadora, estiveram diretamente relacionadas às condições de produção de cacau e com o mercado internacional do produto. Era tal a opulência dos produtores e dos exportadores que suas famílias, e inclusive eles mesmos, frequentemente moravam na França. A cidade de Vinces, centro de produção cacaueira, era conhecida como "pequena Paris". Mesmo hoje, mais de um século depois do início do auge do negócio, quando na costa equatoriana uma pessoa se considera superior às outras, diz-se que ela acha que é "o grande cacau".

---

* *Mita* é uma forma de trabalho compulsório imposta aos indígenas pelos colonizadores espanhóis; *obraje* é a pequena indústria em que os indígenas fabricavam produtos têxteis; e *encomienda* é a instituição imposta pelos colonizadores ibéricos como cobrança compulsória de tributos às colônias latino-americanas. (N. T.)

Como consequência das pragas que minaram a produção nacional desde a década de 1920 e da queda dos preços no mercado internacional em meados dos anos 1940, o cacau perdeu grande parte de seu predomínio na economia equatoriana, passando a representar apenas cerca de 20% das exportações do país. A partir do fim dos anos 1940 e do começo dos 1950, com apoio de companhias estrangeiras e do governo nacional, surgiu um novo produto primário de exportação: a banana. Em contraste com as fazendas tocadas por cultivadores independentes de cacau, a nova produção bananeira se dava em plantações médias ou pequenas, utilizava capital intensivamente, empregava trabalhadores assalariados, e tanto o cultivo como a comercialização eram financiados por capital norte-americano.

Com a banana, a economia equatoriana se dinamizou, e a agricultura da costa se transformou profundamente; introduziu-se o trabalho agrícola assalariado, que até então era marginal no país, e, com isso, estabeleceram-se as relações capitalistas modernas no campo. Na região interandina, continuou predominando o *huasipungo* – do quéchua, *pungo* (porta) e *huasi* (casa) –, ou "porta da casa", uma relação de produção agrícola herdada da época colonial e que consistia na troca de terra por trabalho, com os *huasipungueros* servindo na fazenda durante grande parte da semana em troca de pequenos lotes (*huasipungos*) que o fazendeiro lhes outorgava para uso particular. Foi apenas em 1964, com a primeira reforma agrária, que finalmente se eliminaram do campo equatoriano as formas precárias de trabalho, em especial o *huasipungo*.

A industrialização substitutiva de importações

Simultaneamente a essas transformações econômicas internas e com respaldo dos novos cenários geopolíticos acarretados pela Segunda Guerra Mundial, gerou-se um pensamento econômico que rejeitava os modelos primário-exportadores por sua baixa capacidade de geração de valor agregado, sua tendência à alta concentração de renda nas mãos dos proprietários dos recursos naturais e sua dependência diante dos vaivéns dos mercados internacionais. Na América Latina, sempre dentro dessa linha desenvolvimentista, impôs-se a estratégia conhecida como *Industrialização Substitutiva de Importações* (modelo ISI), inspirada na escola de pensamento econômico denominada *estruturalista*, impulsionada pela Comissão Econômica para a América Latina* (Cepal) das Nações Unidas.

---

* Esse era o nome original da Cepal. Em 1984, embora a sigla tenha sido mantida, foi alterado para Comissão Econômica para a América Latina e o Caribe. (N. R. T.)

O modelo ISI foi como uma interpretação latino-americana da "teoria modernizadora" dominante no mundo pós-guerra, que propunha como condição necessária e suficiente para o desenvolvimento um crescimento econômico sustentado, para o qual a economia deveria apoiar-se nos setores de alta produtividade, fundamentalmente no industrial, seguindo supostamente o exemplo dos países então desenvolvidos. Dessa forma, relacionou-se o desenvolvimento à industrialização. A contribuição da escola estruturalista era que, sempre dentro da lógica modernizadora, consideravam-se as condições estruturais da América Latina por um *enfoque centro-periferia*, argumentando que, devido ao *intercâmbio desigual*, os benefícios dos incrementos de produtividade nos países periféricos se transfeririam ao Primeiro Mundo, o que, por sua vez, produziria um fenômeno de *insuficiência dinâmica* ou incapacidade de gerar excedentes reinvestíveis e manter o crescimento.

Esse intercâmbio, esse comércio desigual, expressava-se na deterioração dos *termos de troca* ou na relação entre os preços dos bens dos países periféricos em relação aos preços dos bens dos países centrais. Os estudos da Cepal demonstravam que historicamente essa relação tendia a diminuir em detrimento dos países periféricos e, como consequência, a estratégia de desenvolvimento deveria impedir, por meio da substituição de importações, essa troca desigual e a injusta transferência de recursos.

O modelo ISI no Equador

No caso do Equador, a produção e a exportação de bananas geraram um excedente econômico que permitiu ao país iniciar um incipiente processo de ISI, baseado nas recomendações da Cepal. Em 1954, o diretor, Raúl Prebisch, apresentou à secretaria geral das Nações Unidas um informe chamado "O desenvolvimento econômico do Equador". Depois, em 29 de maio do mesmo ano, em função do mencionado estudo e por meio do decreto-lei de emergência, foi criada a Junta Nacional de Planificação (Junapla), que em 1979 se transformaria no Conselho Nacional de Desenvolvimento (Conade). É preciso dizer que a Constituição de 1998, pela qual se consagrou o neoliberalismo no Equador, eliminou o Conade e reduziu a planificação a um escritório ligado à presidência da República, chamado desde fevereiro de 2004 de Secretaria Nacional de Planificação (Senplades).

Os estudos realizados pela Cepal entre 1954 e 1963 serviram para a formulação do "Plano de desenvolvimento econômico e social para o período 1964-1973", que teve sequência no "Plano nacional de transformação e de desenvolvimento 1973-1977". De acordo com esses projetos, o Estado deveria aprovar uma lei de fomento e de desenvolvimento industrial, estabelecer políticas de tarifas de importação e políticas tributárias de apoio à indústria, buscar recursos naturais, qualificar a força de trabalho, apoiar financeiramente o setor industrial e criar infraestrutura industrial.

Por outro lado, na busca de mais mercado para o desenvolvimento industrial, o Equador, a Colômbia, a Bolívia, o Peru e o Chile assinaram em 1969 o Acordo de Cartagena, a tentativa mais séria de integração econômica e social levada a cabo pelo país até aquele momento. A Venezuela se integrou ao acordo em 1973, enquanto o Chile, sob o regime de Pinochet, afastou-se em 1976. Esse tratado seria ampliado e sucessivamente modificado até o estabelecimento da Comunidade Andina (CAN), em 1977.

O processo de industrialização do Equador se intensificou a partir de 1972, quando o país se tornou produtor e exportador de petróleo, graças à descoberta de importantes poços na região amazônica equatoriana. A bonança petroleira, percebida desde o fim dos anos 1960 devido a importantes investimentos estrangeiros na área de hidrocarbonetos, gerou um crescimento econômico sem precedentes e, com isso, criou os recursos necessários para financiar de fato a industrialização do país. Graças às exportações petroleiras, a nação cresceu 14% em 1972 e 25% em 1973; no decênio entre 1971 e 1981, a média foi superior a 8%, o que implica que o PIB geral dobrou nesses dez anos e que o PIB *per capita* aumentou 72% – processo conhecido como *boom* petroleiro. O PIB industrial subiu ainda mais rápido, a um ritmo anual de quase 10% no mesmo período.

Como consequência dos recursos acumulados no setor industrial urbano, surgiram movimentos migratórios de áreas rurais e dos centros urbanos intermediários para as cidades mais importantes, basicamente Quito e Guayaquil. O Equador sofreu, então, uma rápida urbanização da população e da força de trabalho, quase despercebida por indicadores econômicos, mas com um grande impacto no bem-estar social. Enquanto em 1962 65% da força de trabalho era rural e apenas 35% era urbana, em 1982 48% era rural e 52% era urbana – ou seja, esta última cresceu impressionantes 48,57% nesses vinte anos. Além disso, a manufatura, que até então, no modelo vigente, era a principal fonte de absorção da força de trabalho, diminuiu sua participação nos índices empregatícios totais. No período de 1974 a 1982, o setor cresceu apenas 45%, cerca de metade do crescimento do PIB industrial para o mesmo período, e só foram criados aproximadamente 34 mil postos de trabalho em termos absolutos, o que reflete a baixa geração de empregos do processo equatoriano de industrialização. Essa situação, somada ao já mencionado grande incremento da força de trabalho nas cidades, gerou desemprego e subemprego, novas formas de pobreza e um grande *setor informal* – paradoxalmente, isso ocorreu na época de maior riqueza e dinamismo da economia equatoriana.

Dado o paradigma de desenvolvimento vigente na época, essa impressionante desestruturação social sofrida pelo país foi considerada "boa", pois a teoria modernizadora que inspirava o processo industrial apresentava as sociedades desenvolvidas como urbanas. Lamentavelmente, esses mal-entendidos critérios de "modernização" persistem até hoje, e é frequente escutarmos o prefeito das principais cidades orgulhoso do número de habitantes locais. Também não é raro encontrar analistas econômicos que justificam o descuido e o decrescimento que o setor agrícola sofreu nos últimos anos no Equador como sintoma da nova "economia do conhecimento" que caracteriza os países desenvolvidos, sem considerar que em geral essas nações consolidaram antes seus setores agrícolas e industriais.

A loucura petroleira e a reprodução de importações

Com abundância de dólares derivados das exportações e, a partir de 1976, também do acesso ao crédito externo, de 1971 a 1981 o câmbio nominal pôde se manter na paridade de 25 sucres por dólar, apesar de a inflação interna durante o período ter sido em média de 12,6% ao ano. Em virtude da grande porcentagem de importações que a indústria requeria, a supervalorização do sucre foi uma via importante para transferir recursos do setor petroleiro e do primário-exportador agrícola ao setor industrial – mesmo que essa situação também tenha criado distorções na industrialização, ao gerar grandes desequilíbrios no setor exportador não petroleiro e ao fazer que o processo ISI equatoriano fosse intensivo em bens de capital e de consumo de bens intermediários importados, o que, além de explicar em boa medida sua incapacidade para gerar empregos, ocasionou um déficit comercial e industrial estrutural que até hoje é um dos principais problemas da economia equatoriana, já que qualquer reativação por meio da indústria produz graves desequilíbrios externos e faz que ela não seja sustentável. Apesar disso, devido ao pequeno volume inicial, assim como à integração ao Acordo de Cartagena, o crescimento das exportações industriais durante esse período foi de impressionantes 28% na média anual, passando de 29 milhões para 490 milhões de dólares; enquanto no começo da década de 1970 as exportações industriais representavam apenas 10% do total das exportações, em 1980 já constituíam 24%. Nos anos 1980 e 1981, pela primeira e única vez na história do país, as exportações industriais superaram as primárias não petroleiras[1]. Como consequência, fica claro que a deterioração da balança comercial e industrial não se deveu à falta de dinamismo das exportações do setor, mas a um acelerado crescimento das importações industriais, que passaram de 181 milhões a 1,32 bilhão em um período de suposta substituição de importações. É pertinente, então, questionar qual teria sido o desempenho externo do setor industrial se houvesse existido um manejo adequado da política cambial que promovesse suas exportações e impedisse um incremento tão brutal de suas importações.

Apesar de as exportações totais, em virtude das exportações petroleiras, terem passado de 199 milhões para 2,54 bilhões de dólares entre 1971 e 1981, as importações totais durante o mesmo período subiram de 340 milhões para 2,25 bilhões. Por tudo isso, o coeficiente importações/PIB, cuja diminuição é o principal indicador de um processo de substituição de importações, depois de uma baixa inicial no início da produção petroleira, voltou a crescer, manteve-se em torno de 17% durante o resto do período e só voltaria a diminuir com a crise e os ajustes dos anos 1980. Isso levou muitos autores a afirmar que no Equador não houve substituição de importações, apenas um processo de *reprodução de importações*, situação cuja causa fundamental, como já dissemos, foi a sobrevalorização do sucre.

A "estabilidade" da moeda e o desenvolvimento

Graças às exportações petroleiras e ao crédito externo durante os dez anos do *boom* petroleiro, foi possível manter o câmbio estável; assim, a moeda equatoriana se converteu em uma das mais "fortes" do mundo. Nesse sentido, se a estabilidade da moeda, como hoje se afirma no país, fosse sinônimo de desenvolvimento, o Equador já deveria ser considerado nação desenvolvida. Longe disso, essa "força" sustentada por decreto foi o maior erro do processo de industrialização, fazendo que, em uma época de suposta substituição de importações, elas se multiplicassem quase por sete, o que, por sua vez, originou hábitos de consumo aberrantes para um país subdesenvolvido e um aparato industrial consumidor de divisas, não produtor delas.

---

[1] Esteban Vega, "Comercio exterior, promoción de exportaciones apertura comercial: el caso de Ecuador", em Rafael Correa (org.), *El reto del desarrollo: ¿estamos preparados para el futuro?* (Quito, Universidad San Francisco de Quito, 1996).

Devemos destacar que, com um sistema de flutuação, provavelmente a situação seria pior. Na realidade, do fim de 1971 até o início de 1980, o Equador teve ambos os sistemas, já que o câmbio fixo regeu apenas o chamado mercado oficial, que cobria cerca de 70% das operações com divisas, enquanto o mercado não oficial – "livre" – seguia um câmbio flexível. Até 1980, a diferença entre o câmbio oficial e o não oficial foi insignificante; no começo do auge petroleiro, por exemplo, o Banco Central teve de intervir e impedir a *sobrevalorização* do sucre, o que demonstra a miopia do mercado no longo prazo e a importância de uma adequada política cambial.

Doença holandesa e dolarização: lições do passado

O *boom* petroleiro equatoriano foi um exemplo típico de *doença holandesa*: a valorização do câmbio real como consequência da renda de grandes quantidades de divisas pela irrupção de um produto de exportação não baseado em incrementos de produtividade, em geral um recurso natural não renovável. A maior liquidez e a renda geram inflação interna, mas a abundância de divisas permite manter fixo o câmbio *nominal*, o que produz uma *valorização real* da moeda nacional, a qual tira competitividade do país e impede o desenvolvimento de outros tipos de exportações. No caso do Equador, o problema, paradoxalmente, foi agravado pelo acesso fácil ao crédito externo[2].

A expressão "doença holandesa" refere-se à valorização real e à deterioração das exportações que a descoberta do gás natural produziu na Holanda na década de 1960. Em situações assim, é necessária uma *política monetária ativa*, que mantenha o câmbio real em níveis similares aos de antes da renda das novas divisas. Em outras palavras, o problema não é a presença de uma política monetária, mas a *ausência* dela. Por isso, e apesar de escutarmos qualquer coisa da burocracia financeira internacional e das elites latino-americanas, argumentar que devido às políticas monetárias erradas da região é melhor a substituição delas por um "sistema" monetário como a dolarização constitui um raciocínio que se choca com a

---

[2] Teoricamente, se E é o câmbio nominal – quantidade de moeda nacional por unidade de moeda estrangeira –, Pe é o nível de preços nacional, e R, o câmbio real, temos que R = (E * Pe) / Pa, que não é mais do que os preços do exterior expressos em moeda nacional (E * Pe) em relação aos preços do país (Pa). A valorização real é o decrescimento do índice R, o que significa que nossos produtos se encarecem em relação aos do resto do mundo. No caso da *doença holandesa*, R decresce porque Pa aumenta pela inflação interna enquanto E não aumenta ou, em outras palavras, a moeda nacional não se deprecia, apesar da inflação.

realidade e que não resiste à evidencia histórica nem à mais elementar análise técnica. Se não, revisemos o *boom* petroleiro equatoriano.

Referências bibliográficas

BANCO CENTRAL DO EQUADOR. *Cuentas nacionales del Ecuador, 1965-1989.* Quito, n. 13, 1990.

_____. *Memoria anual, 1988.* Quito, 1990.

_____. *80 años, información estadística.* Quito, 2006.

CEPAL. "El desarrollo económico del Ecuador". México, ONU, 1954.

INSTITUTO NACIONAL DE ESTADÍSTICA Y CENSOS. *Censos de población, 1974. Resultados definitivos.* Quito, 1976.

_____. *Censos de población, 1982. Resultados definitivos.* Quito, 1985.

OFICINA DE CENSOS NACIONALES. *Censo de población, 1962. Resultados definitivos.* Quito, 1965.

VEGA, Esteban. Comercio exterior, promoción de exportaciones apertura comercial: El caso de Ecuador. In: CORREA, Rafael. *El reto del desarrollo*: ¿estamos preparados para el futuro? Quito, Universidad San Francisco de Quito, 1996.

2. A CRISE DA DÍVIDA E A DÉCADA PERDIDA

O ENDIVIDAMENTO AGRESSIVO

Na década de 1970, especialmente a partir de 1976, o Equador e os países latino-americanos em geral entraram em um agressivo endividamento externo. A "história oficial" diz que todo esse processo foi fruto de governos irresponsáveis e enlouquecidos tratando de financiar políticas populistas e dos desequilíbrios originados pelo modelo ISI. Na realidade, o *endividamento agressivo* foi toda uma "estratégia" que teve a benção e foi promovida pelos organismos internacionais de sempre, que em teoria buscavam o crescimento por meio de investimentos de alta rentabilidade, que deviam abundar em países em desenvolvimento e cujo rendimento permitiria pagar com folga as dívidas contraídas. Na prática, a suposta "estratégia" apenas obedecia às necessidades do grande capital financeiro internacional, à urgência de colocar os excessos de liquidez dos mercados financeiros do Primeiro Mundo, gerados pelos chamados "petrodólares" – enormes quantidades de dinheiro que os países árabes produtores de petróleo tinham –, nos bancos dos países desenvolvidos. Os petrodólares provinham dos altos preços do petróleo a partir de 1974, originados no embargo dos países árabes às nações que apoiaram Israel na Guerra do Yom Kipur (outubro de 1973) e mantidos pela consolidação da Organização de Países Exportadores de Petróleo (Opep). Por esse motivo, os saldos depositados nos bancos transnacionais cresceram de 82 bilhões de dólares no começo de 1975 a 440 bilhões em 1980[1]. Diante da necessidade de aplicar tão imensas quantidades de recursos, considerou-se pela primeira vez como sujeito de crédito o chamado "Terceiro Mundo". Foi por isso que na segunda metade dos

---

[1] Alfredo Vergara, *América Latina: entre sombras y luces* (Quito, Paradiso, 2003).

anos 1970 se observaram na América Latina longas filas de banqueiros internacionais buscando todo tipo de crédito, inclusive financiar gastos correntes e compra de armamentos para as ditaduras militares que naquela época governavam muitos países. Além disso, esses esforçados banqueiros, que antes não apareciam em nossa região nem como turistas, frequentemente carregavam polpudas maletas com propinas para que funcionários corruptos aceitassem empréstimos de qualquer coisa, enquanto os organismos internacionais e as agências de desenvolvimento continuavam vendendo a nefasta ideia de que endividar-se era conveniente.

Como de costume, o Equador foi um destacado aluno do endividamento agressivo, a partir do qual financiou um imenso e irresponsável incremento do gasto público, que quase triplicou durante a década de 1970. Enquanto o consumo público passava de 12% para 16% do PIB, o investimento público, que representava mais de 6% no começo dessa década, chegou a cair em termos relativos no fim do período. Apesar de o petróleo constituir uma fonte formidável de receitas públicas, o impressionante aumento dos gastos gerou déficits fiscais, o que, com a deliberada e agressiva política de endividamento, ocasionou um rápido crescimento da dívida pública externa, que passou de 229 milhões de dólares em 1970 para 4,42 bilhões em 1981. Assim, na época de maior riqueza da história e particularmente do setor público equatoriano, a dívida pública externa... se multiplicou dezenove vezes! O setor privado nacional tampouco ficou atrás, passando sua dívida externa de 57 milhões de dólares para 1,45 bilhão em 1981, o que acarretou nefastas consequências.

Crise e retrocesso

Paradoxalmente, muitos dos mais graves problemas estruturais da economia equatoriana são herança da época mais "próspera" do país: um setor fiscal e exportador altamente dependente do petróleo; um setor industrial consumidor de bens importados, mas não gerador de suficientes divisas; a urbanização da população e da força de trabalho sem uma economia com capacidade adequada de gerar emprego nas cidades; e uma dívida pública e privada externa bastante ampliada.

A loucura petroleira e o feliz "endividamento agressivo" duraram até a sexta-feira 13 de agosto de 1982, quando, em razão de insustentáveis desequilíbrios acumulados por políticas macroeconômicas incorretas, o México se declarou incapaz de continuar pagando sua dívida externa. Como consequência dessa insolvência, toda a América Latina sofreu o corte do crédito internacional e um brutal incremento das taxas de juros para as dívidas, resultado do maior risco dos créditos colocados na região, mas consequência também dos enormes aumentos das taxas iniciados desde 1981 pelo Federal Reserve (FED) dos Estados Unidos para se contrapor às pressões inflacionárias originadas pelas políticas do presidente Ronald Reagan. Assim, créditos que haviam sido contratados com taxas flutuantes entre 4% e 6% alcançaram taxas de juros de 20%.

Por outro lado, os problemas para os países exportadores de petróleo foram duplos, já que, depois de alcançar um preço médio de quarenta dólares por barril em 1980 – o que, a preços atuais, significaria mais de cem dólares o barril –, os valores despencaram e, em 1986, estavam em média a apenas quinze dólares por barril.

Como resultado do fim das duas fontes fundamentais de crescimento – as rendas petroleiras e o acesso ao crédito internacional –, assim como dos grandes desequilíbrios ocorridos durante os anos 1970, a economia equatoriana entrou em um profundo e longo processo de recessão, agravado por choques exógenos negativos, como o duro inverno de 1983, que destruiu a produção agrícola da costa, e o terremoto de 1987, que afetou gravemente o oleoduto equatoriano e, com isso, as exportações petroleiras do país. Por tudo o que foi apresentado até aqui, durante o período entre 1981 e 1990, o PIB cresceu somente 18%, e o PIB *per capita diminuiu* 5,7%, voltando aos mesmos níveis de meados dos anos 1970. No mesmo intervalo, o PIB industrial *diminuiu* 3,8%, enquanto as exportações industriais em 1990 eram inferiores às de 1978. Até o fim da década de 1980, o coeficiente de investimento havia caído para 14% do PIB, do qual apenas 3% constituíam investimento público.

Além do fenômeno global de empobrecimento, iniciou-se um processo de polarização e deterioração na distribuição de renda. O salário mínimo em termos reais representou em 1990 apenas 42% do de 1981. A crise de emprego nas cidades se agravou e mudou de natureza, ao deixar de ser determinada só por um crescimento muito rápido da oferta de trabalho urbana e passar a ser produto também da falta de dinamismo na demanda dos serviços. A estrutura do desemprego igualmente se transformou, ao incorporar não apenas jovens e grupos marginalizados, mas também chefes de família, enquanto as condições de emprego se deterioraram, aumentando o subemprego. Dessa forma, e apesar da drástica redução do salário real, em 1990 somente 44% da força de trabalho tinha um emprego adequado, 6% da população economicamente ativa (PEA) se encontrava desempregada e 50% estava subempregada.

Por fim, a queda dos preços do petróleo, o incremento das taxas de juros estrangeiras e o fim do crédito internacional não apenas causaram a eliminação das fontes de crescimento da economia equatoriana, como também uma gigantesca transferência de recursos do país para o exterior, produto do serviço da dívida externa e da deterioração dos termos de troca. Apesar de, pela dívida, terem sido transferidos durante o período mais de 2 bilhões de dólares ao exterior e de o novo financiamento dos bancos internacionais estar absolutamente rejeitado, a dívida pública externa quase triplicou, passando de 4,41 bilhões de dólares em 1981 para 12,05 bilhões em 1990, em virtude sobretudo do refinanciamento e da capitalização de juros atrasados. É preciso observar que esse foi um fenômeno regional e, apesar de a América Latina ter realizado uma transferência líquida de 238 bilhões de dólares a seus credores na década de 1980, a dívida externa da região passou de 228 bilhões de dólares em 1980 a 442 bilhões de dólares em 1990[2].

A SUCRETIZAÇÃO EQUATORIANA

O problema da dívida pública externa equatoriana se intensificou com a chamada *sucretização* da dívida externa privada. Como consequência das desvalorizações e das altas taxas de juros internacionais, a situação do setor privado endividado em dólares se tornou insustentável, o que, em 1983, levou o governo democrata cristão do dr. Osvaldo Hurtado a assumir a dívida com os bancos internacionais – chegava ao montante de 1,48 bilhão de dólares, correspondente a 40 mil operações e 15 mil "clientes", enquanto o setor privado devia pagar ao Estado, em sucres, em condições bastante vantajosas[3].

Essa operação foi tão irresponsável que nem sequer se estabeleceram mecanismos para saber se as dívidas declaradas tinham sido realmente pagas, dado que o Banco Central só registrava a receita, mas não o pagamento, quando se realizava em dólares do mercado livre – o que representou 85% dos casos. Permitiu-se, sem ter nenhum direito, que se beneficiassem da sucretização bancos matrizes do exterior ou vinculados com escritórios bancários do Equador, assim como empresas estrangeiras ou subsidiárias; foram refinanciadas operações com documentos inválidos, como simples fotocópias ou operações com os mesmos documentos mais de uma vez ou por mais do que o valor correspondente; e se aplicaram taxas fixadas pelo credor externo, não taxas referenciadas de juros, tais como a Libor ou a *prime*[4].

---

[2] Alberto Acosta, *Breve historia económica del Ecuador* (Quito, Biblioteca General de Cultura/ Corporación Financiera Nacional, 2002).
[3] Caic, *Informe final de la auditoría integral de la deuda ecuatoriana – resumen ejecutivo* (Quito, Caic, 2008).
[4] Idem.

No governo social cristão do engenheiro León Febres-Cordero (1984-1988), foram ampliadas ainda mais as vantajosas condições da sucretização para o setor privado, sempre em detrimento do Estado: estendeu-se o prazo de pagamento da dívida sucretizada de três para sete anos; foi modificado o tempo de carência, devendo começar as amortizações só em 1988, sendo que inicialmente elas *terminariam* em 1987; estabeleceu-se a taxa de juros da dívida em 16%, quando antes elas superavam 28%; e se anulou a comissão de risco cambial, congelando o câmbio a cem sucres por dólar[5].

Graças a um Estado devedor e credor em sucres, com câmbio invariável e em condições financeiras extraordinárias para os devedores privados, calcula-se que o subsídio implícito ao setor privado tenha chegado a 1,3 bilhão de dólares[6].

É necessário destacar que a sucretização equatoriana não foi somente fruto de pressões de grupos de poder interno, mas também consequência de uma estratégia regional impulsionada por organismos financeiros internacionais para garantir o pagamento da dívida privada externa. Por isso, também ocorreram a "nacionalização" mexicana e a "desdolarização" argentina em 1982, a "capitalização" chilena e a *chucuta** venezuelana em 1983 etc. – todos mecanismos que socializaram as perdas originadas no endividamento privado externo e que, por sua vez, garantiram o pagamento aos credores estrangeiros[7].

O FIM DO PARADIGMA INDUSTRIALIZADOR

As severas crises fiscais e externas produzidas pela transferência líquida de recursos ao exterior originaram a aplicação de uma longa série de programas de estabilização e de ajuste estrutural sob a tutela do Fundo Monetário Internacional (FMI); entre 1983 e 1989, em apenas sete anos, os governos equatorianos assinaram cinco "cartas de intenção" com esse organismo. Esses acordos condicionantes buscavam créditos do FMI, mas também sua "aprovação" para o acesso a outras fontes de financiamento, assim como para renegociar a dívida bilateral com os países credores reunidos no chamado *Clube de Paris*.

Como durante a maior parte desse período o Equador teve um sistema de câmbio fixo-ajustável, os programas de estabilização se caracterizaram por contínuas macrodesvalorizações, as quais trataram de resolver o atraso cambial

---

[5] Ibidem.
[6] Alberto Acosta, *Breve historia económica del Ecuador*, cit., 2002.
* *Chucuta* é a nacionalização fajuta do petróleo venezuelano. (N. T.)
[7] Alfredo Vergara, *América Latina*, cit., 2003.

acumulado durante os anos 1970 e, assim, conseguir excedentes exportadores e fiscais a fim de atender ao serviço da dívida externa – lembrando que, no Equador, o principal exportador é o Estado.

Por fim, na administração do engenheiro León Febres-Cordero teve início a morte definitiva do processo de industrialização ao liberarem o câmbio e as taxas de juros, inaugurarem uma suave abertura da economia e revogarem as leis de fomento e o grande marco institucional construído para implementar o modelo ISI. Essa tendência foi reforçada no governo social-democrata do dr. Rodrigo Borja (1988-1992), que realizou várias reformas institucionais que buscavam da mesma forma liberalizar e internacionalizar os mercados. Entre essas reformas estavam a expedição da Lei de Reforma Tributária, com a qual foram reduzidos drasticamente o nível e a dispersão das tarifas; maior flexibilização laboral com a incorporação de regimes de maquila e de contratos em tempo parcial; e a expedição da Lei de Zonas Francas.

REFERÊNCIAS BIBLIOGRÁFICAS

ACOSTA, Alberto. *Breve historia económica del Ecuador*. Quito, Biblioteca General de Cultura, Corporación Financiera Nacional, 2002.
BANCO CENTRAL DEL ECUADOR. *Cuentas Nacionales del Ecuador n. 17*, Quito, 1994.
_____. *70 años, información estadística*. Quito, 1996.
_____. *80 años, información estadística*. Quito, 2006.
BLOOMBERG. *Key Rates, 2009*. Disponível em: <www.bloomberg.com>; acesso em: 27 fev. 2015.
BUREAU OF LABOR STATISTICS. *Databases and Tables, 2009*. Disponível em: <www.bls.gov/data>; acesso em: 27 fev. 2015.
CAIC. *Informe final de la auditoría integral de la deuda ecuatoriana – resumen ejecutivo*. Quito, 2008.
MINISTERIO COORDINADOR DE DESARROLLO SOCIAL. Sistema Integrado de Indicadores Sociales del Ecuador (Siise), versão 4.5, Quito, 2008.
VERGARA, Alfredo. *América Latina*: entre sombras y luces. Quito, Paradiso, 2003.

3. A LONGA E TRISTE NOITE NEOLIBERAL

AMÉRICA LATINA: DE UM EXTREMO A OUTRO

Na década de 1980, a política econômica equatoriana foi basicamente voltada ao controle da crise e ao pagamento da dívida externa nacional, sem que se tivesse racionalizado e implementado uma alternativa explícita de desenvolvimento ao modelo industrializador substitutivo de importações. No entanto, no fim da década começou a se impor na América Latina e no mundo inteiro um novo paradigma: o neoliberalismo. O nascente "acordo" sobre a estratégia de desenvolvimento passou a ser chamado de *Consenso de Washington*, uma vez que seus principais sistematizadores e promotores foram organismos financeiros multilaterais com sede em Washington, assim como o Departamento de Tesouro dos Estados Unidos[1]. Na lógica do novo paradigma, as causas da crise na América Latina eram a excessiva intervenção do Estado na economia, a ausência de um adequado sistema de preços livres e o distanciamento dos mercados internacionais, tudo isso fruto basicamente dos requerimentos que o modelo ISI impunha.

Na época de industrialização suspeitava-se do mercado e confiava-se excessivamente no Estado; de repente, tudo mudou. No plano conceitual, como que por mágica, o individualismo virou a máxima virtude; a competitividade passou a determinar o modo de vida das pessoas; e o mercado tornou-se um onipresente e infalível condutor das sociedades. Qualquer coisa que tratasse de planificação ou de ação coletiva devia ser simplesmente descartada. Quanto às implicações políticas,

---

[1] John Williamson, "What Washington Means by Policy Reform", em *Latin American Adjustment: How Much Has Happened?* (Washington, DC, Institute for International Economics, 1990).

houve na região profundos e rápidos processos de reformas estruturais baseadas na abertura, no fomento de mecanismos de mercado e na diminuição do papel do Estado na economia. À diferença do modelo ISI, inscrito na teoria modernizadora, mas com alto componente de pensamento latino-americano, a região passou a aplicar um suposto "consenso", do qual, para vergonha da América Latina, nem sequer tinham participado os habitantes locais.

O NEOLIBERALISMO NATIVO

O caso equatoriano foi outra vez um tardio e inconsistente reflexo do paradigma dominante. O novo "processo de modernização" da economia nacional, isto é, o conjunto de reformas estruturais norteado pelo Consenso de Washington, começou de forma acelerada a partir de 1992, com o governo do arquiteto Sixto Durán Ballén (1992-1996) que, sobretudo por meio do vice-presidente, o economista Alberto Dahik, conseguiu racionalizar, propor e, de forma controversa, obter a aceitação do país para a nova estratégia de desenvolvimento.

Assim se aprofundou um processo de abertura da economia e de fortalecimento dos mercados, que, por sua vez, enfraquecia sistematicamente o setor público e rejeitava tudo o que escapasse à lógica vigente. Em 1992, o país se retirou da Organização de Países Exportadores de Petróleo (Opep). Com a Lei de Orçamentos, expedida nesse mesmo ano, a administração e o controle dos recursos do setor público foram centralizados, tirando autonomia dos investimentos na Petroequador, empresa estatal, e gerando consequências nefastas ao produzir um rápido declínio da exploração petrolífera nacional, o que, por sua vez, serviria como justificativa para privatizar os poços petrolíferos do Estado. As reformas da Lei do Regime Monetário, em 1992 – ainda no governo do dr. Borja –, proibiram o Banco Central de financiar as instituições do Estado. Em 1993, foi aprovada a Lei de Modernização do Estado, Privatizações e Prestação de Serviços Públicos por parte da iniciativa privada, que estabeleceu o marco jurídico para as privatizações de empresas estatais. Com essa lei, instaurou-se o Conselho Nacional de Modernização (Conam), organismo encarregado de sugerir, induzir, controlar e implementar as reformas estruturais neoliberais. Nesse ano também foram criadas novas leis de regime do setor elétrico e de telecomunicações, orientadas a romper o monopólio do Estado na concessão desses serviços públicos e a atrair investimento privado para esses setores, basicamente por meio da privatização. Em 1994, a antiga Lei Geral de Bancos foi substituída pela Lei Geral de Instituições do Sistema Financeiro, que, dadas a alta concentração e a fragilidade do mercado financeiro equatoriano, desregulamentou e enfraqueceu os controles desse mercado – fatores que se converteram na principal causa da crise bancária que o país viveria em 1999. Além disso, foram aprovadas novas leis de alfândega e de hidrocarbonetos, a Lei de Reforma Tributária, a Lei do Mercado de Valores, a Lei de Propriedade Industrial e de Transferência Tecnológica, as normas regulamentares sobre investimento estrangeiro etc. Por fim, em 1996, o país ingressou como membro pleno na Organização Mundial de Comércio (OMC).

Em 1998, a nova Constituição da República elevou à categoria de lei muitos dos fundamentos do neoliberalismo, como as privatizações de serviços públicos ou a desregulamentação do investimento estrangeiro. Além disso, estabeleceu a autonomia do Banco Central do Equador, que até aquele momento dependia de forma indireta do governo central. Cabe pontuar que essa última "reforma", como muitas outras, foi uma cópia nativa do marco institucional que rege o Federal Reserve dos Estados Unidos, ainda que, como sempre, o país tenha dado um passo além: enquanto o Federal Reserve tinha como objetivos básicos maximizar o emprego, manter a estabilidade de preços e regular as taxas de juros no longo prazo[2], o autônomo Banco Central do Equador só teve como objetivo velar pela estabilidade da moeda. No fim de 1998, foi aprovada a Lei de Garantias de Depósitos, que criou a Agência de Garantia de Depósitos (AGD) e estabeleceu uma garantia pública e ilimitada de 100% dos depósitos do sistema financeiro.

Diante da crise financeira vivida no ano anterior, em 2000 tomou-se uma decisão em relação à eliminação da moeda nacional e à utilização do dólar dos Estados Unidos como moeda de curso legal, renunciando-se, assim, à política monetária. Com o objetivo de implementar a dolarização, em 2000 também foram sancionadas a Lei para a Transformação Econômica do Equador (Trole I) e a Lei para a Promoção do Investimento e a Participação Cidadã (Trole II), que reformaram o sistema monetário, facilitaram ainda mais o investimento estrangeiro e a privatização das empresas estatais e flexibilizaram o mercado de trabalho. Em 2002, foi promulgada a Lei de Responsabilidade, Estabilização e Transparência Fiscal, que limitou consideravelmente a liberdade da política fiscal e buscou garantir o serviço da dívida pública externa.

Em outubro de 2003, nove meses depois de assumir o governo e sem que jamais tenha mencionado o fato, durante a campanha eleitoral, como parte do

---

[2] Federal Reserve, *The Federal Reserve System: Purposes and Functions* (Washington, DC, Board of Governors of the Federal Reserve System, 2005).

programa de governo, o presidente Lucio Gutiérrez solicitou ao governo dos Estados Unidos a negociação de um tratado de livre comércio, que não avançou, mas que, se tivesse sido aprovado, teria reformulado profundamente toda a estrutura jurídica e o esquema econômico do país em função do modelo neoliberal.

Por último, como mencionado, houve várias tentativas de privatizar até os campos petrolíferos da estatal Petroequador. Uma delas foi a chamada *Lei Toupeira*, enviada ao Congresso Nacional pelo presidente Lucio Gutiérrez em março de 2005. Ficou a cargo do autor deste livro fazer o respectivo informe diante do Legislativo, quando se mostrou que, mesmo com todos os pontos ineficientes, a Petroequador representava para o país 57% da renda petrolífera, enquanto a empresa privada deixava em média menos de 20% sem que a suposta eficiência desta última servisse para nada (ver Quadro 3.1). Em seguida a esse informe, a Lei Toupeira foi rejeitada no plenário por uma ampla maioria, entre a qual se encontrava até a esposa do então presidente, que era, na época, deputada no Congresso Nacional.

QUADRO 3.1 – Exemplos ilustrativos da noite neoliberal

Existem muitos exemplos ilustrativos do que foi a longa noite neoliberal no Equador, entre eles, "modelos de negócios" como o novo aeroporto de Quito – nesse investimento de quase 600 milhões de dólares, o concessionário só contribuía com capital novo direto de 74 milhões, o Estado bancava quase o triplo, por meio das taxas do velho aeroporto em mãos do concessionário, e o resto era financiado com empréstimos pagos pelos fluxos fideicomissados do futuro aeroporto. Por esse "investimento", monopólio natural que requer grandes investimentos do Estado em equipamentos de rádio ajuda e de navegação aérea, o "investidor" privado tinha a concessão por 35 anos, sem que o Estado central recebesse praticamente nada.

Outro exemplo do que significaram esses anos de destruição em massa no Equador foi a entrega de cerca de 4 mil concessões mineiras, já que a respectiva lei tornava quase impossível negar uma concessão. Para conseguir isso, com o apoio do Banco Mundial, a Lei de Minas de 1991 foi reformada no ano 2000 por meio da Trole II, um combinado de profundas modificações em várias leis, pelo qual a reforma foi inconstitucional, já que no Equador as leis *devem* tratar de uma única matéria. De acordo com a atualização da Lei de Minas, o Estado, dono do recurso, não tinha regalias e apenas recebia – dependendo da antiguidade da concessão – de um a dezesseis dólares anuais por hectare concessionado, independentemente de se tratar de exploração de ouro ou de cal. Como ironia máxima, as mudanças da lei foram planificadas e implementadas com um empréstimo de 14 milhões de dólares do próprio Banco Mundial, dos quais 40% foram gastos em consultorias estrangeiras sugeridas pelo próprio banco.

Também há contratos petrolíferos que passaram, no começo da década de 1990, de prestação de serviços a pactos de participação, com o argumento de que o preço de venda tinha caído abaixo do custo de produção. Se isso fosse verdade, é óbvio que *nenhum* tipo de contrato teria sido rentável. Na realidade, o mal chamado *custo de produção* era a devolução obrigatória de quase tudo o que as companhias gastavam. Com os novos contratos, a média de participação na renda petrolífera para o dono do recurso, o Estado, era de apenas 18%. Além disso, é fácil demonstrar que, ainda assim, muitas transnacionais petroleiras não pagavam impostos porque declaravam perdas.

Entre outros exemplos, há a Lei Reformadora do Centro de Reabilitação de Manabi (CRM), publicada no *Diário Oficial* 728 de 19 de dezembro de 2002. Ela estabelecia que essa entidade, cujo fim fundamental era a execução do Plano Integral de Desenvolvimento de Recursos Hídricos da Província de Manabi, devia concessionar *todas* as obras e os projetos, passados e futuros, e expressamente proibia que a entidade administrasse ou operasse os projetos financiados e construídos por ela. Entre as obras "concessionadas" estavam as represas La Esperanza e Poza Honda, destinadas a prover água para irrigação e consumo humano e que, com o esquema de transposições, custaram em torno de 600 milhões de dólares. Manageneración, empresa privada que operaria as represas, se comprometia a construir uma central hidroelétrica em cada uma delas, com capacidade de geração conjunta de 9MW e com um montante de investimento, de acordo com a empresa, de 18 milhões de dólares. As represas, propriedades do CRM, mais as hidroelétricas da Manageneración, constituíam um investimento de aproximadamente 618 milhões de dólares, dos quais 97% correspondiam ao CRM, e apenas 3% à Manageneración. Apesar disso, em maio de 2003, o CRM assinou um contrato de "administração acionária", segundo o qual recebeu somente 0,03% do pacote acionário, enquanto a Manageneración ficou com 99,7% e conseguiu, por cinquenta anos, a administração do sistema. E não apenas isso. As hidroelétricas serviam basicamente para atender ao consumo de energia do grupo empresarial La Fabril, ao qual pertencia a Manageneración; em caso de sobrar energia, ela seria *vendida* ao Estado. Apesar de as represas terem como objetivo

> fundamental a irrigação, estas foram cedidas a um grupo privado para gerar sua própria energia, deixando os camponeses da zona sem água suficiente para as atividades agrícolas.
>
> Os exemplos anteriores não são casos isolados nem exagerados do que aconteceu no Equador e na América Latina. Pelo contrário, são bastante representativos do que significou a longa e triste noite neoliberal.

O TRABALHO HUMANO COMO SIMPLES INSTRUMENTO DE ACUMULAÇÃO DE CAPITAL

Sem dúvida, uma das maiores vítimas do neoliberalismo foi a classe trabalhadora, pois, em busca de "competitividade" e com o eufemismo de conseguir a "flexibilidade laboral", foram legalizadas a exploração e a facilidade de demitir trabalhadores em países que nem sequer contavam com seguro-desemprego.

No caso equatoriano, ampliou-se a chamada terceirização laboral, figura jurídica que conceitualmente buscava que as empresas tivessem trabalhadores contratados por empresas terceirizadas para serviços complementares, tais como segurança, alimentação etc. Isso permitia que as organizações não tivessem nenhum tipo de vínculo empregatício com os terceirizados e que, portanto, eles não possuíssem direitos como a estabilidade e a participação nos lucros. Por sua vez, as terceirizadoras, frequentemente companhias fantasmas e de propriedade das próprias firmas contratantes, davam um jeito de mudar periodicamente de nome e declarar falência a fim de negar os direitos mencionados. A situação degenerou a tal ponto que certos grupos industriais, como o do empresário e ex-candidato presidencial Álvaro Noboa, chegaram a ter dezesseis "companhias" dedicadas a esses fins; houve também casos como o da Holcim, principal fábrica de cimento do país, com uma participação de 61% do mercado e vendas próximas a 182 milhões de dólares em 2004, que, em resposta a demandas de ex-trabalhadores pela ausência de pagamentos de lucros, declarava diante do Ministério de Trabalho que até 30 de agosto de 2004 não tinha empregado ninguém, já que *todo* o pessoal de que eles necessitavam para suas diversas dependências fora contratado por empresas terceirizadas[3]. Para "regular" a situação, por meio do Decreto 2.166 de 2004, o então presidente Lucio Gutiérrez estabeleceu que as firmas usuárias poderiam contratar por meio de companhias de terceirização até 75% dos funcionários, por tempo indeterminado e inclusive para cumprir com a atividade

---

[3] Ministerio de Trabajo, *Carta de Holcim al Ministerio de Trabajo* (Quito, 2007).

principal da empresa, legalizando, dessa maneira, a total desnaturalização do conceito de terceirização.

Por outro lado, com a Lei Trole I, de março de 2000, foi instituído o chamado *contrato por horas*, que flexibilizou ainda mais as formas de contratação laboral, embora o Código do Trabalho já contemplasse pelo menos quatro tipos de contratos – temporários, eventuais, ocasionais e de jornada parcial – que atendiam a todas as necessidades das organizações, mas, obviamente, com responsabilidade empresarial. Supostamente, o objetivo do contrato por hora era aumentar a equipe para tarefas específicas em períodos especiais, como o Natal. A lei determinava que esse contrato podia ser estabelecido para *qualquer* tipo de atividade, que qualquer das partes estava em condições de dar por concluído o acordo unilateralmente e que, com o pagamento por hora, ficavam cancelados *todos* os benefícios econômicos e legais. Além disso, rompendo com a norma de que quanto menos garantias maior é remuneração, o contrato por hora pagava *menos* que o salário mínimo. Ou seja, a "nova forma" de contratação não era senão um instrumento extra para a exploração da força de trabalho.

Com todos esses mecanismos, a tradicional assimetria de poder entre capital e trabalho, típica da América Latina e uma das principais fontes para a intolerável desigualdade que existe na região, foi elevada ao absurdo, ainda que o mais elementar sentido de justiça exigisse exatamente o contrário. Enquanto nos Estados Unidos – paradigma do capitalismo e o país desenvolvido com a pior distribuição de renda – por cada dólar que se gera na economia cerca de trinta centavos vão para a remuneração do capital e setenta centavos para os salários, em países como o Equador, onde lamentavelmente não existe esse tipo de estatística, é provável que a relação seja inversa, tendo sido feito até o impossível para agravar essa situação em vez de tentar atenuá-la.

Por conta disso, são necessários na América Latina verdadeiros empresários e políticas que busquem relações capital-trabalho mais justas. Por exemplo, os salários mínimos são exatamente isso, *mínimos*, para evitar um mal maior, o desemprego, mas de forma alguma podem ser considerados justos, dignos ou éticos. Uma forma de conciliar necessidade de gerar emprego e justiça social é a criação de sistemas em que se paguem esses mínimos, em caso de falta de rentabilidade, mas que nenhuma empresa possa declarar lucros até ter alcançado para todos os funcionários um salário adequado.

O capital com mais direitos que os países e que os seres humanos

A partir dos anos 1990, proliferaram na América Latina os tratados de "proteção recíproca de investimentos", supostamente para dar "segurança jurídica" aos investimentos. Esses tratados impunham pactos que atentavam contra a soberania dos países, já que qualquer transnacional, sem nenhum requisito prévio, podia levar um Estado soberano a um centro de arbitragem, outorgando ao capital inclusive mais direitos que às pessoas, visto que na América Latina, para denunciar um caso de violação dos direitos humanos a organismos internacionais, primeiro é necessário passar por todas as instâncias judiciais do respectivo país. E não apenas isso: tribunais de arbitragem como o Centro Internacional de Arreglo de Diferencias Relativas a Inversiones (Ciadi)*, do Banco Mundial, além de julgar se a transnacional teve razão ou não, decidem se a sanção legalmente imposta é excessivamente severa, isto é, podem pronunciar-se sobre as leis de um Estado soberano, que além de tudo deveriam ser conhecidas pelo investidor. Não existe algo análogo para os seres humanos. Se alguém, de acordo com as leis dos Estados Unidos, é condenado à morte, e considera-se, como muitos acreditamos, que nada justifica tirar-lhe deliberadamente a vida, não há instância internacional à qual apelar. Dentro dessa lógica perversa, o coerente seria que o Ciadi também julgasse os casos em que as leis criadas por governos entreguistas fossem excessivamente benéficas às transnacionais, mas obviamente isso nunca acontece. É importante destacar, ainda, que os tratados de proteção recíproca de investimentos supostamente estabelecem direitos e obrigações iguais para os países que os assinam. Alguém acredita que os Estados Unidos aceitariam que um tribunal arbitral julgasse suas leis?

Por fim, é claro, a tão decantada segurança jurídica só vale para as transnacionais, não para nossos Estados, e os tratados serão aplicados sempre e quando não prejudiquem os interesses dessas companhias (ver Quadro 3.2).

QUADRO 3.2 – Os tratados na medida dos interesses transnacionais

Apesar do mal que os tratados de proteção recíproca de investimentos significavam para o país, o acordo assinado com os Estados Unidos e pelo

---

* Nos documentos oficiais do governo português, que é membro desde 1984, adota-se a seguinte nomenclatura: Centro Internacional para a Resolução de Diferendos Relativos a Investimentos (Cirdi). O Brasil não é membro. (N. R. T.)

qual se acolhiam as empresas norte-americanas como a petroleira Occidental Petrolium (OXI) estipulava que em questões tributárias não cabia arbitragem, ficando esses casos na jurisdição nacional. Portanto, em 2002, quando a OXI demandou a devolução do imposto sobre o valor agregado (IVA) por seus trabalhos de extração de petróleo, distorcendo o sentido do mecanismo de *drawback* para fomento das exportações – infelizmente com a "assessoria" de advogados equatorianos muito conhecidos –, e depois levou o caso ao Tribunal Comercial da Corte Superior de Londres, o ideal seria uma resposta enérgica do Equador de não se submeter a esse tribunal, para, assim, excluir expressamente o respectivo tratado.

No entanto, o governo do presidente Gustavo Noboa, por meio do chanceler Heinz Moeller "negociou" com o governo dos Estados Unidos, aceitou "responder rapidamente" ao procedimento arbitral e "acelerá-lo", considerando que suas decisões eram obrigatórias para as partes e de execução automática e apenas insinuando que podiam objetar à jurisdição*. Todo esse entreguismo deveu-se a pressões para obter a renovação das preferências alfandegárias que o governo dos Estados Unidos outorga aos países andinos (ATPDEA), as quais foram instauradas durante o primeiro governo do presidente Bill Clinton como compensação pelos muitos recursos que essas nações destinam à luta antidrogas.

Como se insinuava desde o começo, o país perdeu a arbitragem a que não estava obrigado e que nunca deveria ter aceito; por isso, foi "condenado" a pagar a soma de 100,78 milhões de dólares, embora as preferências alfandegárias representassem um benefício anual de cerca de 40 milhões de dólares.

---

* Heinz Moeller, *Nota n. 654.255 del Ministerio de Relaciones Exteriores enviada al procurador general del Estado*, Quito, 22 nov. 2002.

Os decepcionantes resultados do neoliberalismo

Apesar da profunda transformação da economia equatoriana desde os anos 1990, os resultados foram insatisfatórios. No período entre 1990 e 2004, a economia cresceu em média 4% e, apenas no último ano, foram recuperados os níveis de renda por habitante do começo da década de 1980. No entanto, no período de 1990 a 2002, a economia cresceu meros 2,7%, enquanto em 2003 e 2004 essa taxa melhorou graças a uma importante expansão na exportação petroleira, fruto da inauguração, em agosto de 2003, do novo oleoduto de óleos pesados (OCP). Esse oleoduto serve para transportar basicamente a produção das companhias privadas transnacionais, que, tal como se mencionou e à diferença do *boom* petroleiro do período industrializador, deixavam apenas uma média de 18% da produção para o Estado. Esse é outro dos tantos perigos do simplismo no uso dos indicadores macroeconômicos: mais importante que o tanto que se produz internamente, o chamado Produto *Interno* Bruto (PIB), com cuja variação se calcula a taxa de crescimento da economia, é o que *fica* para o país, o chamado Produto *Nacional* Bruto (PNB), que, infelizmente, em nações como o Equador, nem sequer é calculado.

Por outro lado, a inconstância do crescimento foi muito alta também em razão das reformas estruturais, as quais provavelmente deixaram o país mais exposto aos efeitos de choques externos; ao mesmo tempo, abriu-se mão de vários instrumentos macroeconômicos, sendo o exemplo mais representativo dessas renúncias a eliminação da moeda nacional.

Do ponto de vista social, os resultados foram desastrosos. Da mesma forma que no resto da América Latina, o desemprego aumentou e ficou, em 2004, em cerca de 11% da PEA, enquanto o subemprego constituiu 46% da força de trabalho – tudo isso apesar de uma grande parte da população economicamente ativa, como veremos adiante, ter emigrado do país a partir da crise financeira de 1999. Essa é uma das características mais reiteradas do neoliberalismo: sua incapacidade de gerar emprego em decorrência, entre outros motivos, de uma "abertura tonta", que destrói postos de trabalho e produção nacional.

A desigualdade social no Equador teve uma tendência crescente, assim como no resto da América Latina. Em 2004, os 20% mais pobres da população obtiveram apenas 2,4% da renda, e os 20% mais ricos ficaram com 60% dela. No início da década de 1990, essas porcentagens eram de 4,4% e 52%, respectivamente. De fato, como se observou na crise de 1999, diante da queda do crescimento, os já altos níveis de desigualdade estrutural tenderam a se ampliar, o que demonstra a existência de mecanismos sociais e econômicos que repassam o peso da crise para os mais pobres e que o próprio neoliberalismo, como vimos com a eufemisticamente chamada *flexibilização laboral*, exacerba as fontes da desigualdade.

No Capítulo 11, vamos analisar como as burocracias do FMI, do Banco Mundial e do BID atuaram como os principais publicitários e promotores do paradigma neoliberal, além de terem sido representantes dos credores e braços executores da política externa de determinados países. Suas receitas, independentemente dos programas de governo apresentados nas campanhas eleitorais e dos pronunciamentos de nossos povos nas urnas, foram impostas ou ardilosamente assumidas, sem nenhuma crítica, pelos governos então vigentes; assim, além do fracasso econômico e social, o neoliberalismo também vitimou a legitimidade do sistema democrático.

Referências bibliográficas

BANCO CENTRAL DO EQUADOR. *80 años, información estadística*. Quito, 2006.

_____. *Boletín de estadísticas mensual*. Quito, n. 1.847, 2006.

FEDERAL RESERVE. *The Federal Reserve System*: Purposes and Functions. Washington, DC, Board of Governors of the Federal Reserve System, 2005.

MINISTERIO COORDINADOR DE DESARROLLO SOCIAL. Sistema Integrado de Indicadores Sociales del Ecuador (Siise), versão 4.5, Quito, 2008.

MINISTERIO DE TRABAJO. *Carta de Holcim al Ministerio de Trabajo*. Quito, 2007.

MOELLER, Heinz. *Nota n. 654.255 del Ministerio de Relaciones Exteriores enviada al procurador general del Estado*. Quito, 22 nov. 2002.

WILLIAMSON, John. What Washington Means by Policy Reform. In: _____. *Latin American Adjustment*: How Much Has Happened? Washington, DC, Institute for International Economics, 1990.

A ENTREGA TOTAL DO PAÍS

4. A CRISE DE 1999 E SUAS SEQUELAS

Causas da crise

Em 1999, o Equador sofreu umas das piores crises de sua história, que fez que o PIB *per capita* caísse 7,6% naquele ano. Algumas causas dessa situação foram fatores externos que podem ser localizados desde 1995, quando o conflito limítrofe com o Peru – a Guerra do Cenepa* – deteriorou o setor exportador e debilitou o sistema financeiro pelo significativo aumento das taxas de juros que o Banco Central impôs a fim de evitar a fuga de capitais. A situação se agravou entre os anos 1997 e 1999 com o fenômeno climático El Niño, a queda dos preços do petróleo e a crise financeira asiática. No entanto, profundos erros de política econômica e práticas financeiras equivocadas também originaram, precipitaram e agravaram os problemas. Entre os mais importantes equívocos, podemos destacar a falta de controle sobre o sistema financeiro, a criação de uma inédita garantia de depósitos no fim de 1998, a aplicação de imposto à circulação de capitais em janeiro de 1999, a reforma do sistema de câmbio em fevereiro desse mesmo ano e a independência do Banco Central, consagrada na Constituição de 1998.

A liberalização financeira realizada em pleno auge do fundamentalismo neoliberal do governo do arquiteto Sixto Durán Ballén, por meio da Lei Geral de Instituições do Sistema Financeiro, aprovada pelo Congresso Nacional em 25 de março de 1994, reduziu notavelmente os controles sobre os bancos, o que gerou uma péssima carteira bancária, créditos vinculados e carência de reservas.

---

* Guerra entre Peru e Equador, em 1995, pelas fronteiras entre os dois países, junto ao rio Cenepa. (N. T.)

Menos de dois anos depois, já entrava em crise um dos maiores bancos do sistema: o Continental.

No fim de 1998, quando a crise financeira era evidente, a Lei de Reordenamento em Matéria Econômica na Área Tributária-Financeira (Lei de Garantia de Depósitos ou Lei AGD) foi aprovada e estabeleceu uma garantia pública de 100% e sem limite de montante sobre os depósitos do sistema financeiro, enquanto a AGD nem sequer tinha poder de coação, o que incentivou ainda mais a má gestão de certos bancos. Essa lei supostamente reproduzia instituições do Primeiro Mundo, mas seus promotores "esqueceram" que, segundo princípios econômicos elementares – basicamente o chamado "risco moral", o perigo de dar incentivos aos agentes econômicos para que aumentem a probabilidade do que precisamente se quer evitar –, a garantia deve cobrir apenas uma porcentagem do depósito, estabelecer um montante máximo a pagar, e a agência de garantias requer instrumentos suficientes para responder pelos prejuízos aos administradores e aos acionistas da instituição financeira com problemas. Em outras palavras, é necessário que exista *corresponsabilidade* do depositante e dos bancos. Esses inadequados incentivos, junto com os fatores externos mencionados e a falta de controle, foram a combinação perfeita para a quebra do sistema financeiro equatoriano em 1999.

Por meio da própria Lei AGD e de uma forma além de tudo demagógica, desde janeiro de 1999 o imposto de renda foi eliminado e substituído pelo imposto à circulação de capitais, consistindo em uma comissão de 1% sobre o montante do crédito ou o depósito em contas-correntes, cadernetas de poupança, depósitos a prazo ou qualquer outro meio de investimento ou de poupança, além de cheques, transferências ou pagamentos de qualquer natureza realizados no exterior, com ou sem a intermediação de instituições do sistema financeiro. Do ponto de vista fiscal, o imposto foi altamente efetivo, pois permitiu gerar grandes recursos para o Estado, mas afetou muito a intermediação financeira e a geração de meios bancários de pagamento. O imposto enfraqueceu ainda mais a situação dos bancos e teve um forte impacto recessivo – fato que levou essa peculiar medida de política econômica a ser revertida em 2000 com a Lei Trole II, que derrogou o imposto sobre circulação de capitais e voltou a estabelecer o imposto de renda.

Em fevereiro de 1999, o "recém-independente" Banco Central mudou o sistema de bandas cambiais mantido durante os anos anteriores por um de livre flutuação do dólar. Enquanto isso, dada a crise bancária, o governo central teve de emitir bônus para que a AGD cumprisse suas obrigações; ao mesmo tempo, o Banco Central se viu na necessidade de subministrar liquidez para a compra desses bônus, o que, somado aos créditos de liquidez e de solvência outorgados aos bancos, provocou o crescimento anual da base monetária de 41% em 1998 e a 136% em 1999.

O incremento de liquidez da economia, as expectativas negativas dos agentes e o novo sistema cambial provocaram uma rápida desvalorização da moeda e uma alta volatilidade do câmbio, o que, considerando a grande quantidade de passivos em dólares – tanto do setor privado como do setor público –, ajudou a agravar a crise, ainda que fosse evidente que a desvalorização da moeda e a volatilidade da taxa de câmbio, particularmente em janeiro de 2000, tenham ido além dos fundamentos econômicos e tido um alto caráter especulativo. Somente depois de anunciada a dolarização da economia, o Banco Central estabeleceu novamente um câmbio e uma comissão para a compra de dólares. Ficou claro, no entanto, que a adoção de um sistema de flutuação cambial em um momento de instabilidade econômica foi outro dos grandes erros que precipitaram e aprofundaram a crise.

Por fim, a nova autonomia do Banco Central provou ser fatal para enfrentar a crise econômica. Dada a rigidez do gasto público equatoriano e a necessidade de aprovação de qualquer reforma pelo Congresso, o alcance da política fiscal no país é muito limitado, com exceção do incremento dos preços de bens e serviços públicos, medidas bem impopulares. Por isso, com a autonomia do Banco Central, o Executivo foi privado não só da mais eficaz política estabilizadora, mas, na prática, também da única política que ele possuía – pelo menos em curto prazo. As consequências dessa reforma foram ainda maiores, afinal, até antes da dolarização, o Diretório do Banco Central tinha mais poder em questões macroeconômicas que o presidente da República e, além disso, o governo era dependente do Banco Central, ao ser o principal afetado por qualquer desvalorização da moeda ou por mudanças na taxa de juros, dado o alto nível da dívida pública interna e externa do Estado central.

No começo de janeiro de 2000, quando o sucre em apenas uma semana se desvalorizou em 25%, poucos dias antes de ser anunciada a dolarização da economia, a pressão pública equivocadamente recaía sobre o presidente Jamil Mahuad, que, de acordo com a Constituição, estava com as mãos atadas para deter a desvalorização da moeda. O presidente do Diretório e o gerente do Banco Central preferiram apresentar as renúncias na sessão de 10 de janeiro de 2000, antes da decisão sobre a dolarização[1]. Paradoxalmente, a autonomia do Banco Central – cujos principais

---

[1] Banco Central do Equador, *Resolución de Directorio BCE*, Quito, ata 73, 10 jan. 2000.

diretores se opuseram ferozmente à dolarização – pode ter sido o incentivo decisivo para que o Executivo impulsionasse a eliminação da moeda nacional.

A economia política por trás da independência dos bancos centrais

A moda dos bancos centrais autônomos começou no início dos anos 1990, justificada por estudos empíricos que supostamente demonstravam que essas entidades independentes geravam um melhor desempenho macroeconômico[2]. A fundamentação "teórica" para essa "descoberta empírica" foi que assim os bancos centrais podiam atuar tecnicamente, distanciados de perniciosas "influências" políticas. Desse modo, a economia – apesar de sua condição de *política* – da noite para o dia se converteu em um assunto meramente técnico a cargo de burocratas que nem sequer requeriam um controle democrático. O Banco Mundial, como sempre tão preocupado diante de qualquer novidade funcional ao paradigma dominante, imediatamente organizou seminários em toda a América Latina para difundir as novas "descobertas" e pressionar pela independência dos bancos centrais locais, conseguindo que a maioria deles se convertesse em poucos meses em autônomos. Claro que era uma "autonomia" em relação a seus povos e a suas leis, porque foram, por outro lado, absolutamente subservientes às burocracias do FMI e do Banco Mundial, nos quais, é preciso esclarecer, a maioria dos executivos dos bancos centrais latino-americanos vão passar seus últimos anos de sacrifício, ganhando suculentos salários depois de receber polpudas aposentadorias, frequentemente criadas por eles mesmos graças ao gozo de sua "autonomia". No Equador, o escritório do FMI funcionava num andar inteiro do Banco Central, sem sequer pagar aluguel.

Aqui, outra vez, o Equador reescreve a macroeconomia e derruba mitos: o país não teve em tempos recentes maior instabilidade macroeconômica senão logo depois da autonomia do Banco Central. A tão reiterada independência, em vez de ser parte da solução, claramente foi parte do problema.

Crônica de um assalto anunciado

A nefasta relação entre poder político e poder econômico, particularmente o dos banqueiros, fez que um ano antes já fossem dados os passos para transformar

---

[2] Alberto Alessina e Lawrence Summers, "Central Bank Independence and Macroeconomics Performance: Some Comparative Evidence", em *Journal of Money, Credit and Banking*, v. 25, n. 2, p. 151-62, maio 1993.

a crise financeira em crise econômica generalizada, paga com os recursos de todos os equatorianos.

Em 1997, logo depois da queda de Abdalá Bucaram, em fevereiro, e durante o período interino de Fabián Alarcón, reuniu-se a XIX Assembleia Nacional Constituinte do Equador para redigir uma nova Constituição. A nova carta magna foi publicada no *Diário Oficial* de 11 de agosto de 1998 e, como já se mencionou, estabeleceu a autonomia do Banco Central, que, sem nenhuma lógica nem inventário, foi se transformando em um dos bancos mais independentes da região. A Constituição de 1998 determinava, no artigo 265, que o BCE "não poderá outorgar garantias nem créditos a instituições do sistema financeiro privado...". Esse artigo apenas elevava a princípio constitucional o já estipulado na reforma da Lei de Regime Monetário de 1992, que restringia radicalmente as operações creditícias do Banco Central, tanto com o setor público como com o privado, para, assim, evitar os reiterados abusos na política monetária equatoriana. Apesar disso, em uma demonstração magistral de clarividência, na calada da noite, incluiu-se a disposição transitória 42ª, que, de forma descarada, manifestava que, "até que o Estado conte com instrumentos legais adequados para enfrentar crises financeiras e pelo prazo não maior do que dois anos contados a partir da vigência desta Constituição, *o Banco Central do Equador poderá outorgar créditos de estabilidade e de solvência às instituições financeiras*, assim como créditos para atender ao direito de preferência das pessoas naturais depositantes nas instituições que entrem em processo de liquidação". Apesar das proibições constitucionais e legais, estas últimas com vários anos de vigência, estava tudo pronto para a "salvação" bancária que começaria quatro meses depois.

A Lei AGD era uma "iniciativa" sugerida pela burocracia internacional e copiada de países desenvolvidos, com a "pequena" diferença de que em uma nação como os Estados Unidos, a garantia cobre apenas 80% do montante do depósito e tem um limite máximo de 100 mil dólares, e, como foi dito, no caso equatoriano a lei obrigava o Estado a 100% do depósito, fosse nacional, fosse *off shore* e *sem nenhum limite*. A Lei AGD tornou-se, então, o melhor incentivo para quebrar bancos, pois eles quebravam e o Estado pagava. Todos esses erros não eram fruto de incompetência, mas de má-fé, uma vez que essa lei foi desenhada com ingerência direta dos bancos para transferir ao Estado o peso da crise financeira que já se via chegar. O assunto foi tão descarado que a Lei AGD foi aprovada em 25 de novembro, publicada no *Diário Oficial* do dia 1º de dezembro de 1998 e *no dia seguinte* já se entregava ao Estado, falido, o maior banco do sistema: Filanbanco.

Na carta do presidente do Diretório do Banco Central do Equador e do superintendente de Bancos dirigida ao presidente do Congresso, solicitava-se enfaticamente a aprovação dessa lei, reconhecendo que eles tinham colaborado com afinco na elaboração do projeto, que a crise financeira se daria em questão de dias e que a criação da AGD em princípio *não implicava custo para o Estado*, que seria uma alternativa, sem dúvida, "infinitamente menos custosa que uma crise financeira generalizada"[3].

Para atender ao que poderíamos chamar de "Lei de Garantias Nativas", o Ministério de Economia e Finanças emitiu um bônus à Agência de Garantia de Depósitos – os chamados bônus AGD –, e o Banco Central do Equador, sempre tão cuidadoso para colaborar com os bancos, *triplicou* a emissão monetária em pouco mais de um ano, basicamente para adquirir esses bônus e, assim, outorgar recursos à Agência de Garantia de Depósitos, em resposta aos depósitos dos bancos quebrados. A desvalorização de 245% que a moeda nacional sofreu entre janeiro de 1999 e janeiro de 2000 e a iminente aceleração da inflação mensal – justificativas para adotar a dolarização – não teriam sido possíveis sem essa brutal injeção de liquidez na economia, efetuada de maneira paradoxal pela instituição constitucionalmente responsável por cuidar da estabilidade da moeda. Ainda que a crise de 1999 tenha sido de início no âmbito *bancário*, os poderes político e econômico a transformaram em crise *monetária* graças à utilização do Congresso Nacional com a aprovação da Lei AGD, a intervenção do governo central com a emissão de bônus e, sobretudo, graças à cumplicidade do Banco Central do Equador com a emissão inorgânica.

Como se não bastasse, e frente a um sistema bancário que desmoronava como castelo de cartas, de forma inconstitucional e depois de um curto "feriado" bancário, por meio do Decreto Executivo 685, de 11 de março de 1999, o governo de Jamil Mahuad ordenou *congelar* os depósitos bancários, com o que os patriarcas do neoliberalismo realizaram talvez o maior confisco de bens privados da história nacional. A grande maioria de depósitos só começou a ser devolvida um ano depois, uma vez adotada a dolarização, a um câmbio de 25 mil sucres por dólar, enquanto no momento do congelamento o câmbio era de 10.350 sucres por dólar. Em outras palavras, os depósitos do público foram pulverizados e o "congelamento" representou, na realidade, uma transferência de cerca de *2,5 bilhões*

---

[3] Eduardo Valencia, Ramiro Larrea e Víctor Corral, *Síntesis de los resultados de la investigación* (Quito, Comisión Investigadora de la Crisis Económica Financiera, jul. 2007).

de dólares dos depositantes aos bancos e aos devedores dos bancos, estes últimos frequentemente os próprios banqueiros.

Até antes do congelamento, o Banco Central outorgou créditos de liquidez – muitos irrecuperáveis – aos bancos privados do país por cerca de 1 bilhão de dólares; a emissão de bônus AGD para respaldar os depósitos chegou a 1,41 bilhão de dólares, e as posteriores emissões de bônus e as transferências de dinheiro por parte do Ministério de Economia à AGD chegaram a 1,27 bilhão de dólares[4]. Desse modo, o custo da crise para o público e o Estado superou facilmente os 6 bilhões de dólares, mais de 30% dos níveis do PIB pré-crise, o que converteria a crise bancária equatoriana em uma das piores da história da América Latina. Até hoje, o país ainda paga os custos da perda de confiança, da ruptura do contrato social e do atropelo total dos direitos de propriedade dos depositantes – realmente incalculáveis.

Por fim, com o congelamento e como medida para realizar transações sem afetar a posição dos bancos, por meio do próprio Decreto Executivo 685 foram criados os chamados Certificados de Depósitos Reprogramáveis (CDR), documentos negociáveis que garantiam a quantidade de dinheiro retido nos bancos e que serviriam para pagar obrigações pendentes. Esse decreto foi tido como inconstitucional por meio da Resolução do Tribunal Constitucional de 8 de novembro de 1999, publicada no *Diário Oficial* n. 346, de 24 de dezembro do mesmo ano. Apesar dessa resolução e atentando outra vez contra toda segurança jurídica e as normas de mercado que tão oportunamente costumam citar as elites latino-americanas quando convêm a seus interesses, expediu-se o Decreto 1.492, de 10 de novembro de 1999, que *obrigou* a Corporação Financeira Nacional (CFN) a receber dos bancos, a preço nominal, cerca de 568 milhões de dólares em CDR[5]. Embora o decreto estipulasse que os devedores dos bancos podiam pagar suas dívidas com certificados a preços *nominais*, isso nunca aconteceu. Na realidade, os bancos ofereciam a seus clientes esses CDR a preço de *mercado* até com desconto de 60%, enquanto por decreto eram transferidos à CFN com 100% do valor. Essa "operação financeira" gerou imensos lucros a muitos banqueiros inescrupulosos e, ao mesmo tempo, produziu a quebra técnica da CFN, sendo obrigada, além disso, a receber uma carteira incontrolável dos bancos por cerca de 425 milhões de dólares[6].

---

[4] Marco Flores, *El costo inicial del salvataje bancário* (Quito, mimeografia, 2003).
[5] Eduardo Valencia, Ramiro Larrea e Víctor Corral, *Síntesis de los resultados de la investigación*, cit.
[6] Corporación Financiera Nacional, *La crisis financiera de la CFN como consecuencia de la imposición del Decreto 1.492 y la recepción de la cartera AGD* (Quito, 2007).

Na realidade, é o poder político dos banqueiros, em comunhão com as burocracias nacional e internacional vinculadas ao setor financeiro, que destrói a moeda nacional e passa o peso da crise ao Estado e à sociedade. De uma análise inteligente e profunda da crise de 1998 e 1999, indo além de interpretações tecnocráticas ingênuas, a conclusão fundamental deveria ser, então, a necessidade de libertar o Estado dos grupos de poder que o controlam. Apesar disso, a mistura de fundamentalismos ideológicos, incompetências, interesses e necessidade de acreditar em milagrosas tábuas de salvação levou o país a renunciar à moeda nacional e adotar o dólar, de forma que o Equador ficou sem moeda própria e o poder dos bancos com controle econômico e político do país continuou intacto.

O CUSTO SOCIAL DA CRISE E DA EMIGRAÇÃO

Do ponto de vista social, a crise de 1999 constituiu um dos processos de empobrecimento mais acelerados da história da América Latina. Entre 1995 e 1999, a população em situação de pobreza passou de 4,2 milhões a 5,54 milhões de pessoas, enquanto habitantes em pobreza extrema passaram de 1,45 milhão a 2,1 milhões. O outro extremo, a concentração da riqueza, também aumentou. Os 20% mais ricos incrementaram sua participação na renda de 55% a 61,2%, enquanto os 20% mais pobres viram sua renda diminuir de 4% para 2,5%. Ainda devido ao fracasso das políticas econômicas e sociais neoliberais, a partir da segunda metade da década de 1990 já se apresentava um fenômeno emigratório de grande magnitude, que foi acelerado a partir da crise de 1999; apesar das dezenas de milhares de equatorianos que emigraram naquele ano, o desemprego passou de 6,9% em 1995 a 14,4%, e o subemprego, de 45,8% a 56,8%. Em virtude das incertezas dos registros oficiais e do elevado número de pessoas que viajam de maneira irregular, não é possível determinar com exatidão o número de equatorianos que abandonaram o país desde a crise, mas várias estimativas independentes sugerem que saíram entre 300 mil e 1 milhão de cidadãos. Considerando a cifra de 700 mil emigrantes dada pelo estudo de Larrea[7] e assumindo que pelo menos metade deles era economicamente ativa, pode-se considerar que, sem a emigração, o desemprego aberto em 2005 teria se aproximado de 20% da força de trabalho, taxa superior à da crise de 1999. A emigração serviu de válvula de escape para problemas sociais que de outra forma seriam insustentáveis, e as remessas de emigrantes, que passaram de 201 milhões

---

[7] Carlos Larrea, *Pobreza, dolarización y crisis en Ecuador* (Quito, Abya Yala, 2003).

de dólares em 1993 a 2,45 bilhões de dólares em 2005 – cifra maior que a média das exportações petroleiras dos anos 1990 –, evitaram o colapso da economia e da dolarização equatorianas.

Ainda que milhões de equatorianos querendo sair do país – com todo o drama humano que isso representa – devesse ser um constante motivo de autocrítica, muitos pensam que esse processo de emigração, além do positivo impacto econômico pelo envio de remessas, constitui a "oportunidade" para que os equatorianos, vivendo em países desenvolvidos, mudem a mentalidade supostamente vinculada ao subdesenvolvimento. Para outros – e este autor está entre eles –, a emigração constitui uma intolerável tragédia nacional e o mais fiel reflexo do fracasso econômico e social do país, tragédia que produziu uma desestruturação familiar e geral sem precedentes, com incalculáveis impactos negativos quanto ao bem-estar (ver Quadro 4.1). Em cantões de alta emigração, como Chunchi, província de Chimborazo, pesquisas feitas pelas autoridades locais e divulgadas em 2009 estabeleceram que 60% dos pais de família estavam no exterior, 40% dos menores de dezoito anos consumiam álcool e cigarro, a idade média em que se iniciava o consumo de álcool é aos treze anos, e o suicídio juvenil, fenômeno que antes era quase inexistente no país, teve como resultado dezenove mortes em 2005, em um cantão de apenas 12 mil habitantes[8].

Finalmente, resulta paradoxal que o Equador seja mantido pelos pobres, precisamente aqueles a quem esse mesmo país negou o futuro. Enquanto os emigrantes mantêm a economia nacional enviando dólares ganhos com o suor de seu rosto em lugares longínquos, como Milão, Barcelona ou Nova York, internamente os poucos de sempre enviam milhões de dólares ao exterior, em geral ganhos com bastante facilidade. Os bancos equatorianos tinham em 2005 cerca de 2 bilhões de dólares de poupança nacional no exterior, em nome de supostas prudências, eufemismo que disfarça a falta de confiança e de compromisso com o país. Apesar disso, os cerca de 2,5 milhões de equatorianos que vivem no exterior, sustentando a economia nacional, nem sequer tinham representação política, enquanto os bancos equatorianos dominavam partidos políticos, meios de comunicação, supostas tecnocracias etc.

Lamentavelmente, os que de fato necessitam de forma urgente mudar de mentalidade só enviam dinheiro, também o dos outros, para fora do país.

---

[8] Carlos Narváez, *Información relevante del cantón Chunchi* (Chunchi, 2009).

> QUADRO 4.1 – Ninguém leva a culpa?*
>
> Magali é o nome fictício de uma menina real de doze anos, que morava no cantão Santa Isabel, província de Azuay, e virou notícia da seção "Al Tiro" [Rapidinho] quando se suicidou ao ingerir inseticida. Deixou um bilhete pedindo que ninguém levasse a culpa, que ela "se suicida por vontade própria e porque não aceitava que os pais estivessem trabalhando no exterior".
>
> Magali é mais uma das milhares de crianças que sofrem as consequências da emigração, é uma das milhares de crianças com casas divididas ou que não têm por perto pais que as orientem e que, então, acabam ficando ao cuidado de familiares "responsáveis" por receber um envio de dinheiro saído da Europa ou dos Estados Unidos. Magali é uma criança dos milhares de lares em que se vê um enorme aumento da violência doméstica, lares de filhos e pais que se enfrentam nos tribunais de justiça porque as crianças se negam a ir para a Espanha ou para outro país.
>
> Magali poderia ter sido aluna de uma das escolas de Cañar que fecharam as portas porque, devido à emigração, não havia alunos. Magali certamente era uma dessas crianças para as quais as professoras devem multiplicar suas funções e não ser só educadoras, mas assumir o papel de mães para estimulá-las ao estudo.
>
> A situação socioeconômica do país determinou que, em 2000, cerca de 150 mil crianças** tenham sido abandonadas porque os pais emigraram. Isso obriga as famílias a se reorganizar e a se reestruturar (aumento de famílias uniparentais, extensas, ampliadas e, muitas vezes, simultâneas).
>
> Ninguém leva a culpa?
>
> ---
>
> * Retirado do editorial de Carlos León Andrade, *El Comercio*, Quito, 8 out. 2004.
> ** Instituto Nacional de Estadísticas y Censos, *Encuesta de condiciones de vida* (Quito, 1995 e 1999).

O próspero Banco Central do Equador: a outra cara da moeda

Dadas as aberrações da economia equatoriana, depois da crise de 1999 só uma instituição pública saiu mais próspera que nunca, apesar de ser uma das grandes culpadas da crise: o Banco Central do Equador. De fato, como foi mencionado anteriormente, graças ao monopólio da emissão de dinheiro, entre agosto de 1998 e fevereiro de 1999, o BCE outorgou créditos de liquidez aos bancos privados por cerca de 1 bilhão de dólares, que, ao não serem pagos, foram cobertos com ativos reais – assim, o BCE passou a ser "proprietário" do Banco do Pacífico e de uma série de bens, entre eles os mais modernos edifícios do Equador. Recordemos também que, entre março de 1999 e janeiro de 2000, o BCE "comprou" com emissão inorgânica à Agência de Garantia de Depósitos cerca de 1,4 bilhão de dólares em bônus emitidos pelo Ministério de Economia e Finanças. Até 2005, a maioria desses bônus continuava em poder do Banco Central, aumentando sem legitimidade a dívida pública do Estado, incrementando artificialmente o déficit orçamentário e tornando o BCE administrador de uma imensa quantidade de recursos com absoluta arbitrariedade. Desde a crise, e só por juros dos bônus AGD, todos os equatorianos pagaram cerca de 600 milhões de dólares à burocracia do BCE.

Além disso, de acordo com a Lei de Regime Monetário e Banco do Estado elaborada por essa mesma burocracia, o BCE se apropriava dos juros gerados pela "reserva monetária", que se encontrava no exterior e estava constituída basicamente pelos depósitos das instituições públicas. Além de financiar com escassos recursos nacionais os países ricos, as instituições públicas não recebiam nada por seus fundos, e era o BCE quem se apropriava dos respectivos rendimentos pelo "esforço" de investir da pior maneira as reservas do país. Cabe dizer que no processo de dolarização não são necessárias reservas – tampouco Banco Central –, mas o montante da reserva monetária era um dos "indicadores" supostamente fundamentais com os quais o BCE tratava de justificar sua existência em uma economia dolarizada. De fato, a partir da dolarização, ficou a cargo do BCE a ingrata tarefa de realizar seminários e todo tipo de evento para convencer a si e aos outros da "importância" de um Banco Central em um país sem moeda nacional, isto é, sem emissão de moeda, a principal e única indelegável função de todo banco central. Em 2002, a instituição se mudou para um dos maiores e mais modernos edifícios de Quito, antiga matriz do Banco Popular, outro dos tantos imóveis de que se apoderou com a crise bancária.

Com os ingentes recursos que recebia, o BCE era museógrafo, arqueólogo, promotor cultural, mecenas de governos locais etc. – todas "funções" não contempladas na Constituição de 1998 e feitas com salários e prebendas impressionantes para seus empregados. Insistimos, isso em um país que nem sequer tem política monetária e em uma instituição que teve responsabilidade direta pela crise financeira de 1999. Os burocratas do Banco Central podiam se aposentar a partir dos 45 anos – 20 anos antes que o resto dos concidadãos –, graças a um fundo de aposentadoria multimilionário alimentado com dinheiro público, que quebrou pelos excessos cometidos, sem que lhes tivesse ocorrido solução melhor do que capitalizá-lo em 2005 com 84 milhões de dólares do Estado[9].

O BCE foi provavelmente a mais autônoma e rica instituição do Estado, credora de todos os equatorianos e com ativos que, nos anos posteriores à crise, superaram 15% do PIB nacional, apesar de que já não era instituto emissor e, como consequência, não outorgava crédito interno, *principal ativo* de todo banco central. Nos Estados Unidos, seria equivalente a uma instituição autônoma que tivesse nada menos que 1,5 trilhão de dólares. Como entender a diferença de tratamento entre o BCE e a Petroecuador, instituição da qual se tirou a autonomia financeira e a respeito da qual se criticavam os "altos" salários, apesar de serem bem inferiores aos do BCE? Além disso, a Petroecuador pelo menos serve para extrair petróleo. A única lógica nisso tudo é que o primeiro era totalmente funcional ao capital financeiro nacional e internacional, enquanto a Petroecuador simplesmente não era.

Referências bibliográficas

ALESSINA, Alberto; SUMMERS, Lawrence. Central Bank Independence and Macroeconomics Performance: Some Comparative Evidence. *Journal of Money, Credit and Banking*, v. 25, n. 2, p. 151-62, maio 1993.

BANCO CENTRAL DO EQUADOR. *Boletín de estadísticas mensual*. Quito, n. 1.775, 2000.

_____. *Resolución de Directorio BCE*. Quito, ata 73, 10 jan. 2000.

_____. *80 años, información estadística*. Quito, 2006.

_____. *Boletín de estadísticas mensual*. Quito, n. 1.859, 2007.

CORPORACIÓN FINANCIERA NACIONAL. *La crisis financiera de la CFN como consecuencia de la imposición del Decreto 1.492 y la recepción de la cartera AGD*. Quito, 2007.

FLORES, Marco. *El costo inicial del salvataje bancário*. Quito, mimeografia, 2003.

INEC. *Encuesta de condiciones de vida*. Quito, 1995; 1999.

LARREA, Carlos. *Pobreza, dolarización y crisis en Ecuador*. Quito, Abya Yala, 2003.

LEÓN ANDRADE, Carlos. Editorial. *El Comercio*, Quito, 8 out. 2004.

MINISTERIO COORDINADOR DE DESARROLLO SOCIAL. Sistema Integrado de Indicadores Sociales del Ecuador (Siise), versão 4.5, Quito, 2008.

NARVÁEZ, Carlos. *Información relevante del cantón Chunchi*. Chunchi, 2009.

---

[9] Supertintendencia de Bancos, *Informes de auditoría del Banco Central del Ecuador* (Quito, 2009).

REPÚBLICA DO EQUADOR. Constitución de la República del Ecuador, 1998.

SUPERINTENDENCIA DE BANCOS. *Informes de Auditoría del Banco Central del Ecuador*. Quito, 2009.

VALENCIA, Eduardo; LARREA, Ramiro; CORRAL, Víctor. *Síntesis de los resultados de la investigación*. Quito, Comisión Investigadora de la Crisis Económica Financiera, jul. 2007.

5. O SUICÍDIO MONETÁRIO EQUATORIANO

A MODA DA DOLARIZAÇÃO NA AMÉRICA LATINA: OUTRA MERA FICÇÃO

Ainda que alguns funcionários do Banco Interamericano de Desenvolvimento (BID) anos antes já propusessem a dolarização na América Central, a ideia de fazer isso na América Latina – optar pela "estabilidade cambial" e renunciar definitivamente às políticas monetárias nacionais e ao câmbio como mecanismo de ajuste – só teve seu auge no começo de 1999, com a proposta do então presidente argentino Carlos Menem de adotar o dólar como moeda regional. Essa "iniciativa" estava enquadrada dentro das chamadas *cover solutions* – outro exemplo foi a convertibilidade argentina –, sistemas cambiais extremos que, mesmo sem nenhuma sustentação técnica, entraram na moda, particularmente dentro da burocracia do FMI[1].

Na realidade, nem a convertibilidade nem a dolarização – falando em termos conceituais –, constituem novidade, dado que são apenas um câmbio fixo extremo. De fato, o "padrão dólar", similar ao padrão-ouro abandonado em 1933 por Franklin D. Roosevelt, era como voltar ao passado. Com o padrão-ouro, era preciso manter uma relação fixa entre a quantidade de dólares em circulação e a quantidade de ouro em reservas, com o que se perdia, na prática, a política monetária – por isso muitos culpam esse sistema por originar e propagar a Grande Depressão do fim dos anos 1920. Com o "padrão dólar", quer seja com convertibilidade ou diretamente com dolarização, a política monetária também desaparece, já que a quantidade de dinheiro depende de uma proporção fixa de dólares na economia.

---

[1] Andrew Berg, Eduardo Borensztein e Paolo Mauro, "An Evaluation of Monetary Options for Latin America", *IMF Working Paper*, n. 2/211, dez. 2002.

A BARBARIDADE TÉCNICA DA DOLARIZAÇÃO

O problema com a âncora do câmbio nominal – seja mantendo a moeda nacional, como na convertibilidade argentina, seja eliminando-a, como na dolarização equatoriana – é que, por decreto, congela-se um dos preços mais importantes da economia, o qual supostamente deveria refletir as condições do setor exportador. Com um câmbio nominal imóvel, a existência de uma moeda nacional é quase irrelevante e pode produzir mais custos que benefícios, uma vez que torna menos confiável o compromisso de manter invariável a taxa de câmbio. Se a Argentina não dolarizou, foi porque a renda por senhoriagem (ver Capítulo 12) significava uma transferência de milhões de dólares ao emissor da moeda, os Estados Unidos.

As consequências negativas desses sistemas se apresentam, em princípio, quando o crescimento dos preços nacionais é maior que o crescimento dos preços dos parceiros comerciais ou quando estes últimos desvalorizam sua moeda. Então se produz uma valorização do *câmbio real*, isto é, incrementa-se o preço relativo dos bens nacionais em relação ao resto do mundo (ver nota no Capítulo 1). Em uma economia aberta como a equatoriana, isso produz uma deterioração direta das exportações, que foi exatamente o que aconteceu no Equador. Antes da dolarização, o déficit comercial não petroleiro estava próximo a 650 milhões de dólares; em 2004, chegava a 3,15 bilhões. A maior preocupação nesses casos costuma ser como *financiar* o problema, de que maneira conseguir mais entradas de capitais, seja por créditos, seja por investimentos estrangeiros, para ter disponibilidade de divisas que atendam aos mencionados déficits, mas o que se deveria buscar é como *resolver* o problema, ou seja, melhorar as exportações, dado que são elas que determinam a solvência do país no longo prazo. Exportações positivas significam acumulação de ativos – basicamente divisas – do resto do mundo; em outras palavras, mais riqueza. O paradoxal, lamentavelmente, é que são precisamente essas exportações que a fixação do câmbio ou a ausência de uma moeda nacional impedem de proteger ou promover.

Um crédito não nos deixa mais ricos nem mais pobres, simplesmente muda a estrutura dos ativos ao criar mais liquidez ou dinheiro "em caixa" – e também uma conta para pagar da mesma magnitude. Algo similar acontece com o investimento estrangeiro, já que os ativos financiados por ele pertencem a estrangeiros e contabilmente não deixam os habitantes de um país mais ricos. Claro que, economicamente falando, as conotações do investimento estrangeiro podem ser muito distintas, sobretudo se ele criou novos ativos, já que gera produção e emprego, paga impostos etc. Note-se que, no caso de "investimento estrangeiro" via privatizações, não se criam novos ativos, transferem-se os já existentes a mãos estrangeiras. Em resumo, à diferença das exportações, nem os créditos nem os investimentos estrangeiros enriquecem, por si só, os habitantes de um país.

O incremento de preços nacionais ou as desvalorizações em outros países não são os únicos problemas de um sistema de câmbio fixo extremo. Em economias tão vulneráveis como as latino-americanas, muitos "choques exógenos" podem colocar em perigo o setor exportador, como uma seca que prejudique os produtos de exportação. Nesses casos também são necessários instrumentos para corrigir os desequilíbrios externos, e, sem dúvida, o câmbio nominal é o mais importante deles. Vale lembrar o fenômeno da "doença holandesa", já analisado no Capítulo 1 deste livro.

O câmbio é um *instrumento de política econômica* que, como tal, não só serve para reagir frente a problemas econômicos – política reativa –, mas também para incentivar ou não setores da economia em função de objetivos nacionais – política proativa –, e tudo isso foi completamente desdenhado na longa e triste noite neoliberal. Cabe ressaltar que, em economia, assim como na vida em geral, é preferível ter mais instrumentos – opções de política –, mas o fanatismo e o dogmatismo fizeram esquecer até algo tão elementar como isso.

Alguns argumentos "pragmáticos" a favor da dolarização

Os argumentos a favor de dolarizar as economias latino-americanas se baseavam no suposto sucesso argentino com o Plano de Convertibilidade, no "fracasso" dos governos latino-americanos no controle da política monetária e no fato de que muitas das economias da região já estavam informalmente dolarizadas.

Quanto ao primeiro dos argumentos, todos sabemos o que aconteceu com a convertibilidade argentina. O país teve acesso a grandes quantidades de crédito externo e privatizou até a camisa, pôde *financiar* os graves desequilíbrios externos que se acumulavam com a convertibilidade, mas à custa da destruição de suas exportações e de seu setor real, devido à perda de competitividade. Essa desaparição de empresas e empregos fez que o "modelo" não aguentasse mais, e, depois de 44 meses de decrescimento contínuo da economia, em um dramático exemplo de crise produzida por um sistema de câmbio fixo externo, a convertibilidade entrou em colapso em dezembro de 2001.

Quanto ao segundo argumento, se supostamente a política monetária na América Latina havia sido um desastre, estaríamos melhor sem ela? Essa lógica contrafatual, de assumir que, se o branco é ruim, necessariamente o preto é bom, representa um dos mais graves erros em análise econômica. Como já mencionamos, quem subestima a capacidade de uma adequada política monetária e o câmbio para, por exemplo, contrapor-se aos efeitos negativos de choques exógenos pode rever a experiência equatoriana durante o *boom* petroleiro (Capítulo 1). Além disso, caberia questionar por que praticamente todos os Estados nacionais modernos nasceram com moedas próprias ou por que todos os países desenvolvidos do mundo mantêm moedas nacionais ou regionais, mas *jamais* adotaram as estrangeiras. Por outro lado, claro que existiram abusos na gestão da política monetária latino-americana ao, por exemplo, financiar déficits fiscais, mas também é necessário reconhecer que muitos desses déficits tinham uma origem: o insustentável peso da dívida externa. No caso de vários países altamente endividados, concluir simplesmente que não sabem controlar as políticas monetária e fiscal é quase tão injusto quanto encontrar um afogado com cimento nos pés no fundo de um lago e chegar à brilhante conclusão de que ele se afogou porque não sabia nadar! Além disso, supondo que os países latino-americanos são geneticamente inferiores aos do resto do mundo e não podem cuidar adequadamente de suas políticas monetárias, a solução óbvia para o problema é que aprendam a fazê-lo, não é eliminar a política.

Por último, como já foi dito, outro argumento utilizado para legitimar a dolarização é que as economias latino-americanas já estavam informalmente dolarizadas, e a mais brilhante solução teria sido... formalizar o problema! A dolarização informal da economia limita muito o uso do câmbio para manter os equilíbrios externos, pelos grandes impactos quanto à capacidade aquisitiva e distributiva que uma desvalorização da moeda teria. Por outro lado, em economias sem maior ingerência de moeda externa, os ajustes no setor exportador via câmbio podem passar quase despercebidos. Como exemplo, desde que o euro entrou em vigência, no dia 1º de janeiro de 1999, com paridade de um para um com o dólar, este último se desvalorizou cerca de 36% até 2004. Como consequência, se alguém no Equador, em 1999, ganhava cem dólares, significa que ganhava cem euros, mas, em 2004, só ganhava 64 euros. Essa pessoa cogitou atirar pedras na embaixada dos Estados Unidos, dado que, pela política de Bush e pela depreciação do dólar, levaram 36 euros de seu bolso? De forma alguma, pois, no Equador, não há contratos nem transações generalizadas em euros. Assim, o sujeito mencionado nem sequer sentiu os euros aparentemente perdidos. Claro que é preciso questionar se no mundo globalizado em que vivemos é possível isolar economias pequenas e abertas da influência de moedas fortes, em especial o dólar. De qualquer maneira, deve-se pelo menos reconhecer que a perda parcial da soberania monetária é um problema e que oficializá-lo não é uma solução das mais eficientes.

A escola Nike: *Just do it!*

No Equador, sempre tão receptivo a qualquer novidade, certos grupos vinculados ao grande capital e ao setor financeiro pressionaram o governo antes e durante a crise de 1999 para que a economia fosse dolarizada. Ainda que a dolarização oficial do Equador, anunciada no dia 9 de janeiro de 2000, tenha sido uma medida política desesperada do presidente Jamil Mahuad para salvar seu governo com o apoio desses grupos, menos de duas semanas depois, em 21 de janeiro, ele foi derrubado por uma revolta indígena-militar e substituído por seu vice-presidente, o dr. Gustavo Noboa Bejarano, que ratificou a dolarização.

Em uma entrevista coletiva na Universidade San Francisco de Quito, em dezembro de 2002, Gustavo Noboa, advogado de profissão, realçou que foi despertado às três horas da manhã de 22 de janeiro de 2000, levado ao Ministério de Defesa e proclamado presidente; depois, às seis da manhã, rodeado de meia dúzia de amigos, perguntou o que poderia ser feito em relação à dolarização e, ao não obter resposta, decidiu continuar com ela! O que provavelmente o dr. Noboa apresentou como exemplo de executividade e de decisão foi apenas o testemunho da irresponsabilidade e da leviandade com que se adotou o dólar no Equador.

Na realidade, a ingênua e temerária dolarização unilateral equatoriana constituiu um absurdo econômico e geopolítico, pois foi decidida de forma apressada em um momento de crise grave; como se expressou no capítulo anterior, a desvalorização da moeda foi consequência da crise financeira, não causa. Além disso, em um novo atentado à tão decantada segurança jurídica e ao Estado de Direito, a dolarização foi abertamente ilegal, já que a Constituição de 1988 estabelecia que a moeda nacional era o sucre, segundo o artigo 264, o qual nunca se preocuparam em modificar.

O que mantém a dolarização equatoriana

Se convertibilidade e dolarização, como comentado, constituem tão somente tipos de câmbios fixos extremos, o caso argentino é relevante para analisar o equatoriano. A pergunta é, então, se o Equador está passando pelo mesmo processo de deterioração da economia que a Argentina. A resposta é sim, ainda que, graças às extraordinárias condições externas que o país viveu a partir da dolarização e, sobretudo, às duas fontes de divisas não sujeitas à concorrência – renda petroleira e remessa de emigrantes (ver Quadro 5.1) –, os efeitos não sejam percebidos de forma tão dramática.

Com relação à remessa de emigrantes, não há mistério. Os países podem adotar um sistema de câmbio fixo extremo sempre que têm fontes de divisas não afetadas pelas perdas de competitividade. Isso permite que o setor exportador se sustente, mas não evita os graves impactos no setor real. O Panamá, que nasceu dolarizado e cujo setor industrial é quase inexistente, tem a receita do canal de Panamá, que representa algo em torno de 5% do PIB nacional. El Salvador tem as remessas de emigrantes, as quais constituem cerca de 15% do PIB; e, por fim, o Equador tem petróleo e remessas de emigrantes, que representaram 21,6% e 9,4% do PIB de 2004, respectivamente. A Argentina, lamentavelmente, não tinha canal, nem remessas, tampouco petróleo...

QUADRO 5.1 – Boas políticas ou boa sorte?

Graças à recuperação das economias desenvolvidas, às baixas taxas de juros internacionais e à retomada da receita de capitais na região, o início da primeira década do século XXI foi economicamente bom para toda a América Latina. O Equador se beneficiou de pelo menos dois fatores adicionais: a grande desvalorização do dólar – que prejudicou os países não dolarizados – e os altos preços do petróleo – que prejudicaram as nações importadoras do produto. Apesar desse contexto positivo, e dada uma inflação acumulada de mais de 150% desde que se iniciou a dolarização, o Equador passou por uma valorização do câmbio real, e, como consequência disso, houve no país um déficit não petroleiro que em 2004 foi cerca de cinco vezes a média de antes da dolarização. A incapacidade da economia de gerar empregos está diretamente relacionada ao problema externo, em que as taxas de desemprego e de subemprego foram persistentemente altas, apesar da grande emigração de mão de obra. A necessidade de uma política fiscal extremamente recessiva para evitar maiores danos no setor exportador poderia gerar graves déficits endógenos que agravassem ainda mais a situação fiscal e que criassem um panorama social insustentável.

Para seu crescimento em médio e longo prazos, o Equador continuou apostando nos altos preços do petróleo e na incorporação de uma nova produção petroleira, fatores externos que, além de incrementar a vulnerabilidade da economia, têm um efeito marginal de criação de empregos. A ilusão do petróleo ocultou uma sistemática destruição da base produtiva nacional, consequência direta do esquema monetário do país. Assim, por não existir

> solução, o crescimento equatoriano se basearia no consumo de um ativo, o petróleo, e não na geração de valor agregado e de postos de trabalho produtivo, o que é simplesmente insustentável.

Antologia do absurdo

Para defender a barbaridade técnica e geopolítica que constituiu a dolarização, as elites equatorianas e pseudoanalistas utilizaram os mais disparatados argumentos, os quais bem poderiam constituir uma antologia do absurdo.

Um deles é a "causalidade invertida" – a busca por fortalecer a economia ao adotar uma moeda forte –, que reflete um total desconhecimento da essência da economia. Moedas "fortes" são *consequência* de economias fortes. Pretender ter o primeiro por decreto, sem ter o segundo e esquecendo de que a economia é uma ciência de variáveis reais, pode levar, simplesmente, a uma ausência de economia, como já se observou no caso argentino e como se observa no caso equatoriano, com déficits comerciais não petroleiros crescentes. Claro que, depois do que aconteceu com a convertibilidade argentina – reiterando que é uma típica crise produzida por câmbio fixo extremo –, os dolarizadores equatorianos pretendem sustentar que a dolarização e a convertibilidade são diferentes, quando na realidade são irmãs gêmeas.

Numa demonstração inigualável de espírito democrático, os defensores da dolarização argumentaram inclusive que, com a dolarização informal, as pessoas teriam "votado" pelo dólar. E aproveitam esse raciocínio para rejeitar qualquer tentativa de sair da dolarização. Quem, em pleno juízo, vai tirar dólares do bolso em troca de uma nova moeda nacional? Lamentavelmente, nossos queridos e entusiastas dolarizadores não se inteiraram de que esse é um argumento *microeconômico* e que a existência da análise *macroeconômica* se deve ao fato de que as boas decisões no âmbito individual (micro) não são necessariamente positivas em um cenário coletivo (macro). Se propuséssemos o pagamento de impostos de maneira voluntária, seguindo a linha do espírito democrático defendida por eles, bem poucos pagariam impostos, a economia entraria em colapso e estaríamos *todos* pior do que antes. No momento de analisar o sistema monetário, o enfoque microeconômico é um erro grotesco, continuamente cometido por quem defende a dolarização. O enfoque correto é o macroeconômico e é simples assim: não vai haver dólares no bolso de todos se a economia não produz dólares; para isso, normalmente se requer uma moeda nacional cujo câmbio regule os desequilíbrios externos e as perdas de competitividade.

Na defesa da dolarização, chegou-se até a inaugurar toda uma nova teoria econômica, ao afirmar, por exemplo, que "o resultado da balança comercial não se deve à dolarização, pois *o câmbio* não influencia no comportamento das exportações"[2]. Dois séculos de teoria econômica jogados no lixo e todo o planeta perdendo tempo pedindo à China que valorizasse o yuan, já que ele, de acordo com os dolarizadores, foi absolutamente irrelevante para o comércio exterior!

As verdades óbvias encantam os defensores do dólar. Para justificar a dolarização, é frequente escutá-los dizendo que "o problema é real, e não monetário", que com alta produtividade e competitividade não haveria motivo para se preocupar com o sistema monetário. Em outras palavras, de acordo com esses argumentos, para o Equador se tornar uma nova Hong Kong, até pouco cidade-estado dolarizada, era preciso já ser Hong Kong!

A dolarização é como um tipo de machismo latino-americano aplicado à política monetária: eliminam-se as moedas nacionais para, dessa maneira, competir ou morrer. Por isso, burocratas internacionais e supostos acadêmicos compararam a dolarização a "queimar navios", como o valente – e temerário – Hernán Cortés, que queimou sua naves diante da costa de Vera Cruz para evitar que seus homens desistissem da conquista do México. Vale questionar como o valente Cortés seria visto na história, se, cercados por índios, seus homens tivessem sido massacrados ao não ter embarcações com que se retirar.

Na realidade, como já foi dito, ainda que com outras palavras, queimar os navios *nunca* é uma boa decisão econômica. Do ponto de vista racional, Cortés pode ser muito questionado, e sua suposta "valentia", quando se trata da realidade de países, constitui uma completa insensatez – a não ser para os que tomam as "decisões" no conforto de seus escritórios, como no caso da burocracia do FMI e de outros organismos financeiros internacionais, e que não necessitam de navios para fugir, pois o risco de ser massacrado fica para outros.

Por fim, a dolarização condenou o país não apenas à perda da política monetária, mas a uma maior dependência estrangeira, dado que se adotou a política monetária do país emissor da moeda vigente – no caso, os Estados Unidos. Como manifestou há muito tempo Louis Even, "que me concedam o controle da moeda de uma nação e vou rir de quem faz suas leis"[3].

---

[2] Milton Arroba, "La dolarización dio estabilidad y esperanzas al país", *Revista Criterios*, ano 7, n. 42, fev. 2002. (Grifos do autor.)

[3] Louis Even, *The Money Myth Exploded – Salvation Island*, 1939.

Referências bibliográficas

ARROBA, Milton. La dolarización dio estabilidad y esperanzas al país. *Revista Criterios*, ano 7, n. 42, fev. 2002.

BANCO CENTRAL DO EQUADOR. *Información estadística mensual*. Quito, n. 1.840, 2005.

_____. *80 años, información estadística*. Quito, 2006.

_____. *Información estadística mensual*. Quito, n. 1.880, 2008.

BERG, Andrew; BORENSZTEIN, Eduardo; MAURO, Paolo. An Evaluation of Monetary Options for Latin America. *IMF Working Paper*, n. 2/211, dez. 2002.

EVEN, Louis. *The Money Myth Exploded – Salvation Island*. 1939.

6. A "POLÍTICA" DE DÍVIDA OU DE MAXIMIZAR O LUCRO DOS CREDORES

A RENÚNCIA UNILATERAL À PRESCRIÇÃO DA DÍVIDA[1]

A partir do terremoto ocorrido em 1987, o país deixou de pagar a dívida comercial. Todos os convênios da dívida externa comercial equatoriana estavam submetidos às leis vigentes de Nova York. Alguns dos "Contratos Originais" se submetiam também às leis de Londres. Em ambas as jurisdições há o Estatuto de Limitações (*Statue of Limitations*), que reconhece a prescrição de dívidas não pagas em um intervalo de seis anos. Em um fato provavelmente sem precedentes na história mundial, representantes do governo equatoriano subscreveram, de *forma unilateral*, em 9 de dezembro de 1992, em Nova York, o chamado *Tolling Agreement*, ou Convênio de Garantia de Direitos, que estabelece a "renúncia" à prescrição da dívida externa comercial do país contratada com os bancos privados internacionais.

Supostamente, o trâmite para desistir da prescrição da dívida comercial, que chegava a 6,92 bilhões de dólares em dezembro de 1992, não levou mais de uma semana, já que todos os documentos preparatórios elaborados pela Junta Monetária, o Banco Central e a Procuradoria Geral datam do dia 4 ao dia 8 de dezembro de 1992. Além disso, em outro fato sem precedentes, a opinião legal do procurador geral da República do Equador é *idêntica* à dos advogados dos bancos privados internacionais, aproximando, assim, o convênio de um verdadeiro tratado de garantia de direitos dos credores.

---

[1] As três seções seguintes e a seção referente ao Projeto Adam reproduzem e sintetizam, com a autorização dos autores, partes do informe da Comissão de Auditoria Integral do Crédito Público (Caic), agregada ao Ministério de Finanças e criada pelo Decreto Executivo 472 de 9 de julho de 2007.

O incrível ato unilateral de renúncia – assinado por Mario Ribadeneira, ministro de Finanças e Crédito Público, Ana Lucía Armijos, gerente geral do Banco Central do Equador, e Miriam Mantilla, cônsul do Equador em Nova York – foi praticado por uma pessoa jurídica de direito público cuja natureza se reveste de direitos que não são de livre disponibilidade, porque *não são suscetíveis de renúncia* – segundo princípios de todas as legislações democráticas –, e nem sequer foi subscrito pela contraparte, os bancos estrangeiros, presumivelmente porque conheciam sua ilegalidade. No entanto, mediante o telex SRSP-301-92 com data de 23 de dezembro de 1992, assinado por Ribadaneira e Armijos e dirigido ao Lloyds Bank e a toda a comunidade financeira internacional, o Equador ratifica, de maneira irrevogável, a renúncia a seus direitos. Além disso, anuncia a escolha do foro estrangeiro para ações contra o próprio país, ao mesmo tempo que desiste de promover qualquer ação judicial contra os credores e reconhece e admite a aplicação das leis de Nova York e Londres contra o Equador, enquanto recusa a aplicação dessas mesmas leis para a prescrição da dívida externa comercial.

O Plano Brady

A partir da renúncia à prescrição da dívida externa comercial equatoriana e sem considerar que o valor de mercado da dívida "ressuscitada" oscilava apenas entre 24% e 32% em 1993, as próprias autoridades financeiras tomaram seu *valor nominal* para fins de conversão pelos bônus Brady.

A emissão desses bônus esteve amparada no Plano Brady, proposto ao país em 20 de maio de 1994, por J. P. Morgan, que ofereceu seus serviços para coordenar com o Banco Central do Equador um pacote financeiro para o país. Como consta no documento publicado pelas autoridades econômicas em 1994, denominado "O Plano Brady para o Equador", esse projeto contava com o apoio das instituições financeiras internacionais condicionado aos resultados macroeconômicos e às reformas estruturais que o governo equatoriano deveria fazer.

A dívida externa comercial "elegível" para ser recebida por meio da emissão de bônus Brady era de 4,52 bilhões de dólares do principal e 2,55 bilhões de dólares em juros vencidos por um total de 7,7 bilhões de dólares. O montante principal da dívida transformado em bônus Brady de capital (Par e Desconto) foi reduzido a 3,35 bilhões de dólares, alívio de apenas 1,17 bilhão de dólares em capital. Não houve nenhuma redução nos juros, que se transformaram em bônus Brady PDI (*Past-Due Interest*) e IE (*Interest Equalization*), que também geravam juros conforme a figura do anatocismo – cobrança de juros sobre juros –, proibida no marco legal equatoriano e em todo marco legal que condena a usura.

Exigiram-se também a compra de garantias para a cobertura de capital e juros por doze meses dos bônus de Desconto e Par. As garantias para o capital foram erigidas mediante bônus do Tesouro dos Estados Unidos com cupom zero e com trinta anos de prazo, cujo valor futuro chegaria ao montante de 3,35 bilhões de dólares, correspondente à totalidade dos bônus Desconto e Par, para os quais o país não tinha obrigação de efetuar no futuro nenhum desembolso a fim de cancelamento, devendo unicamente pagar os juros. Requereu-se também que as garantias fossem depositadas no Federal Reserve de Nova York, quando deveriam ter sido constituídas unicamente como parte da Reserva Monetária Nacional e ser suscetíveis de execução por parte dos credores apenas no caso de não cumprimento.

Em fevereiro de 1995, o montante pago pelo Equador para a compra das referidas garantias colaterais do principal e dos juros dos bônus Desconto e Par subiu a 604 milhões de dólares, quantidade que no preço de mercado da dívida comercial, próximo a 25% de seu valor nominal, teria servido para recomprar 53% do principal; com a "negociação", foram obtidos menos de 26% de redução sobre o principal. A análise dos contratos mencionados permite estabelecer também que várias cláusulas transgrediram preceitos legais estabelecidos na legislação equatoriana, tais quais renúncia à jurisdição, renúncia à imunidade, exigência de manutenção de relação com organismos multilaterais, possibilidade de utilização dos bônus para programas de privatização, renúncia a qualquer possibilidade de realizar reclamações contra invalidez, ilegalidade ou inexequibilidade e submissão a reconhecer que os bônus não seriam registrados na US Securities and Exchange Commision (SEC).

A RENEGOCIAÇÃO DE 2000

Em plena sequela da crise de 1999, o governo de Gustavo Noboa se empenhou em conseguir uma renegociação da dívida externa que permitisse "normalizar" as relações com a comunidade financeira internacional, requisito supostamente básico para manter a dolarização. Em 27 de julho de 2000, o Equador apresentou uma proposta aos credores para reestruturar sua dívida comercial externa, de 6,64 bilhões de dólares, cujo pagamento tinha sido suspenso em agosto de 1999. A proposta consistia em trocar os bônus existentes – Brady e Eurobônus, fruto da renegociação de 1995 – pelos novos bônus Global, com vencimentos em doze e trinta anos. Como consequência, foram entregues 3,57 bilhões em bônus Global pelo principal da dívida e 177,36 milhões pelos juros até 23 de agosto de 2000. O montante de bônus emitidos foi de 3,95 bilhões de dólares, sendo 1,25 bilhão em Global 2012 e 2,75 bilhões em Global 30. A diferença do substituído e do total emitido se explica pela troca por bônus de títulos atrasados, pagos aos intermediários financeiros com os mesmos bônus e vendas de bônus no mercado, com o fim de obter liquidez. Cabe lembrar que a emissão de bônus Global só foi autorizada para a troca de dívida, não para as demais operações mencionadas. Com essa troca, a dívida comercial nominalmente baixou em 2,72 bilhões de dólares, aparentemente uma redução de 40,9%.

A comissão negociadora, utilizando 722 milhões de dólares que o país mantinha como colateral dos bônus Brady em bônus cupom zero do Tesouro dos Estados Unidos na Federal Reserve de Nova York, assim como 161,1 milhões de dólares saídos das áreas fiscais – lembrando que o Equador estava prostrado –, também pagou capital e juros atrasados por 503 milhões de dólares e comprou adicionalmente por *valor nominal* 380,1 milhões de dólares em bônus Brady, enquanto 175,2 milhões de dólares desses bônus continuaram em circulação.

A verdade é que não houve *nenhuma* redução de dívida, já que se reconheceu um valor muito mais alto que o vigente no momento da renegociação. O que se fez foi acertar um valor similar ao existente antes da crise e àquele pelo qual a maioria de credores havia adquirido ações no mercado. Com efeito, dados os problemas do país, os bônus da dívida chegaram a ser vendidos com um desconto médio de 65%, o que significa que com os 380,1 milhões de dólares utilizados para a recompra de bônus Brady por valor nominal teria sido possível comprar cerca de 1,08 bilhão de dólares de dívida ao valor do mercado[2]. Além do anterior, o valor de mercado deveria ter sido o ponto de partida da renegociação, como fora feito na Argentina. Por que, então, não se fez o óbvio? Simplesmente porque, como sempre, a renegociação não tinha como objetivo minimizar o pagamento da dívida de um país quebrado, mas garantir os mais altos rendimentos ao capital financeiro especulativo. O ministro da Economia apresentou a oferta sustentando expressamente que ela teria como finalidade "prover os participantes de um significativo incremento no valor de mercado dos preços de seus bônus"[3]. Na pior crise da história nacional, os negociadores estavam preocupados que os credores

---

[2] Marco Flores, *El processo de renegociación de la deuda pública externa del Ecuador en el año 2000* (Quito, mimeografia, 2005).

[3] Ministerio de Finanzas y Crédito Público del Ecuador, *To All Holder's of Existing Bonds*. Carta circular (Quito, 2000).

recuperassem o valor de seus bônus em vez de aproveitar o desastre econômico do país para resolver de forma definitiva o problema da dívida externa.

A renegociação foi tão mal realizada que o país tinha de pagar nos bônus Global a doze anos uma taxa de juros de 12%, a mais alta de qualquer dívida pública latino-americana, com a exceção de uma pequena parte da dívida venezuelana; tinha de recomprar bônus de forma antecipada e com avisos prévios; e, no caso de não cumprir com as condições da renegociação, como "castigo", teria de pagar o montante supostamente descontado (ver Quadro 6.1). O *sui generis* é que esse "castigo" foi proposto pelo próprio ministro de Finanças do Equador para "enfrentar a legítima preocupação de que o país pudesse, em algum momento, voltar a ter políticas de dívida imprudentes a ponto de colocar em risco esses bônus"[4]. Para o ministro daquele momento, a crise de 1999-2000, que produziu no país um dos empobrecimentos mais acelerados da história da América Latina, não foi senão consequência de "imprudentes políticas" que colocaram em perigo o serviço da dívida externa. Com negociadores assim, quem necessita de inimigos?

QUADRO 6.1 – GRAVES ERROS DA RENEGOCIAÇÃO DE 2000

I. Na realidade, não ocorreu nenhum desconto de dívida. Pelo contrário, ela foi enormemente revalorizada.

II. Os bônus Global de doze anos, com vencimento em 15 de novembro de 2012 e um montante emitido de 1,25 bilhão de dólares, pagam juros de 12%, mais do que qualquer dos bônus trocados, o que os converte em uma das dívidas mais caras da América Latina. Os bônus Global a trinta anos, com vencimento em 15 de agosto de 2030 e um montante emitido de 2,7 bilhões de dólares, têm juros anuais progressivos, que foram de 4% em 2001 a 10% de 2006 em diante. Tudo isso em uma economia mundial que teve as taxas de juros mais baixas dos últimos quarenta anos e na qual a taxa Libor a 360 dias em agosto de 2000 se situava em menos de 7%. Por tudo isso, longe do "alívio" financeiro prometido na renegociação, de 2000 a 2004 o país pagou cerca de 300 milhões adicionais em juros, em um mundo com taxas que chegaram a situar-se em menos de 2%*.

---

* Marco Flores, *El processo de renegociación de la deuda pública externa del Ecuador en el año 2000*, cit.

---

[4] Ibidem.

> III. A renegociação de 2000 programou recompras antecipadas dos bônus. Caso não se cumprisse essa condição, o Equador estaria forçado a recomprar ao Par, no pagamento de juros seguinte, um montante igual ao valor nominal do não cumprimento. O único objetivo dessa norma era garantir uma demanda permanente dos bônus equatorianos e, assim, manter a cotização dos bônus tão alta quanto fosse possível.
>
> IV. No caso do não cumprimento no serviço da dívida, como "castigo", o Equador perderia parcialmente a suposta redução da dívida, dependendo do período: multa de 30% adicionais ao capital devido, quando não se cumprissem os pagamentos até antes do quarto aniversário da troca; 20% depois do quarto aniversário, mas antes do sétimo; e 10% a mais, caso o não cumprimento acontecesse entre o sétimo e o décimo aniversário da troca.
>
> V. Na renegociação de 2000, foi estipulada a possibilidade de recomprar ao Par o total ou parte dos bônus nas datas de pagamento dos juros. Essa *call option*, ou opção de compra a 100%, em condições normais, seria absolutamente irrelevante, dado que os bônus em geral se negociam com desconto nos mercados. Tendo os fundos respectivos, seria melhor para o país fazer recompras através do mercado, mas, como consequência direta dos altos rendimentos dos bônus e do fideicomisso Feirep, que garantia com petróleo o pagamento da dívida, os bônus Global 12 chegaram a negociar-se acima de seu valor nominal. Considerando essa brilhante "administração de passivos" – quase uma erva daninha para o controle da dívida –, os equatorianos deveriam estar contentes por não terem de recomprar a dívida a um preço maior que o valor nominal.

O Projeto Adam: pacto para a troca de Brady por Global, estabelecido em 1999

O país entrou em mora com os bônus Brady no dia 28 de agosto de 1999, em razão do não pagamento de um cupom de apenas 44 milhões de dólares, suspensão que impediu legalmente a recompra da dívida Brady no mercado, perdendo, assim, os grandes descontos que tinham esses papéis. É evidente que a Comissão Negociadora da Dívida Externa *nunca* considerou a possibilidade de compra da dívida Brady a preços de mercado e que a moratória do pagamento foi o pretexto para justificar a mudança de bônus Brady e Eurobônus a bônus Global. Essa troca tinha sido planejada pelo chamado "Projeto Adam", enviado ao Equador em maio de 1999, vários meses antes da data em que se decidiu suspender o pagamento de juros. Sabe-se que, desde julho de 1999, já se avançava na contratação da empresa Salomon Smith Barney (SSB) para atuar com exclusividade na mencionada troca e utilizar as garantias colaterais, como consta no esboço do documento "Engagement Letter Agreement" (Termo de Acordo e Compromisso), datado de 30 de julho de 1999. Essa contratação se confirmou em 11 de outubro de 1999. Uma vez planejada a troca de bônus Brady por Global no Projeto Adam e prevista a contratação da empresa Salomon Smith Barney para atuar com exclusividade no processo, no fim de agosto de 1999 o país declarou uma "moratória" de sua dívida como justificativa.

Por fim, e o mais grave, não se considerou em absoluto o fato de que os bônus Par e os bônus Desconto *estavam 100% garantidos* com bônus cupom zero do Tesouro dos Estados Unidos. Com a troca do Brady por Global, as garantias colaterais foram devolvidas e um montante equivalente a 723,95 milhões de dólares foi depositado na conta n. 18 051375 do Banco Central, em Salomon Smith Barney. Ou seja, as garantias, uma vez que ocorre a moratória ou o evento garantido, em vez de serem executadas e, com isso, extinguir-se a obrigação correspondente, são "devolvidas" e fazem parte da renegociação da dívida, para pagar atrasos e comprar dívida com valor nominal. Isso equivale a dizer que se você, querido leitor, aluga uma casa por 50 mil dólares e compra um seguro contra incêndios de 5 mil dólares, no momento em que a casa pega fogo, lhe devolvem os 5 mil... e o obrigam a pagar a casa inteira!

A infâmia do Feirep

Como se não fossem suficientes as vantagens que os credores obtiveram de um país arruinado, a partir de 2000 toda a política econômica foi orientada para garantir que os bônus da dívida externa equatoriana fossem ditados pelo mais alto valor possível nos mercados de capitais, gerando, assim, lucros extraordinários aos credores e elevando por sua vez o custo de uma potencial recompra de dívida. A peça-chave dessa estratégia foi a nefasta Lei Orgânica de Responsabilidade, Estabilização e Transparência Fiscal, imposta pelo FMI em 2002 como uma das condições para assinar um acordo com o governo de Gustavo Noboa, convênio que, por fim, nunca se concretizou. A mencionada lei, entre outras coisas, criou o Fundo de Estabilização, Investimento Social e Produtivo e Redução do Endividamento Público (Feirep), que se nutriria da participação estatal na produção privada de petróleo a ser transportada pelo Oleoducto de Crudos Pesados (OCP), cuja inauguração foi planificada para o ano seguinte, assim como de 45% do excesso das rendas petroleiras sobre as orçadas e do superávit no orçamento, se houvesse.

Em uma situação talvez única no mundo, 70% de todos esses recursos, de acordo com a lei, seriam destinados para a recompra da dívida pública. Ao mesmo tempo que o FMI é, supostamente, inimigo acérrimo das pré-alocações orçamentárias, como, por exemplo, para municípios, universidades etc., pois considera que tira flexibilidade do controle das finanças públicas, ele impõe a criação do Feirep, maior pré-alocação orçamentária da história equatoriana – nesse caso, porém, para recomprar de forma preanunciada e antecipada a dívida pública. Tudo isso revalorizou artificialmente os bônus da dívida equatoriana e constituiu uma transferência enorme de recursos aos credores do país. Enquanto em outras nações era considerado delito antecipar operações financeiras que originassem ilegítimos lucros dos possuidores de títulos, com o Feirep esse procedimento foi elevado ao nível de lei da República. Inclusive inicialmente a lei imposta pelo FMI estipulava recompra da dívida pública *externa*; mas, apenas três meses depois de sua promulgação no *Diário Oficial* de 4 de junho de 2002, o Congresso Nacional, resgatando um pouco da soberania do país, reformulou a lei e acrescentou a possibilidade de recompra da dívida pública interna.

Com a criação do Feirep, a famosa "prudência" em que os corifeus dessas políticas tanto insistem e que se traduzia, entre outras coisas, em subestimar deliberadamente o preço do petróleo e, com isso, as receitas petroleiras do orçamento do governo central, não era inócua por completo – quanto mais se subestimavam as receitas petroleiras, mais fundos eram liberados para a recompra da dívida e, como consequência, mais aumentavam os preços dos bônus. Para ampliar o Feirep e contrariando a própria lei, autorizou-se que o fundo se alimentasse também do óleo pesado de participação estatal, independentemente do oleoduto pelo qual era transportado, fosse o OCP – como originalmente observava a lei –, fosse o Sote. Além disso, por meio do Decreto Executivo 1.238, de dezembro de 2003, foi "redefinido" o óleo pesado como o de menos de 23 graus API, quando antes se considerava como tal o de menos 18 graus API.

Numa lógica incompreensível, de acordo com a lei, só 10% dos recursos se destinavam ao desenvolvimento humano, enquanto os 20% restantes eram para um fundo de estabilização petroleira, ou simplesmente mais garantia para o pagamento da dívida. Como a participação do Estado era em torno de 20% da produção privada de óleo pesado, significava que, de cada *cem* barris da nova produção petroleira privada, somente *dois* eram destinados à educação e à saúde do povo equatoriano. De forma contraditória, até mesmo de acordo com a respectiva lei, os recursos do Feirep nem sequer entravam no orçamento do governo central, o que incrementava artificialmente o déficit e sub-registrava receitas e o serviço da dívida pública.

Se é certo que nunca chegaram a comprar bônus Global com dinheiro do Feirep, sua simples criação e os ingentes recursos que controlou – mais de 600 milhões de dólares em 2005 – geraram um incremento substancial do preço da dívida externa equatoriana e, seria bom lembrar, também da interna. No ano de 2003, graças ao início do funcionamento do OCP e, com isso, do Feirep, os bônus Global 12 incrementaram seu valor de mercado de 64,4% a 96,5% em seu valor nominal e os Global 30 passaram de 47% a cerca de 77%; isso representou, para os possuidores, lucros de mais de 1,4 bilhão de dólares, enquanto para o Equador significava um montante igual de custo adicional no caso de recomprar a dívida.

Pode-se entender o Feirep como uma tentativa de praticar a "virtude da poupança" (ver Capítulo 8). Para isso, o elementar é a capacidade de poupar, mas nesse caso o que se tinha era precisamente o contrário: necessidade de financiamento. A situação era tão absurda que, enquanto o país colocava centenas de milhões de dólares no fideicomisso do Feirep no exterior, rendendo cerca de 2% ao ano, ao mesmo tempo se endividava com custos superiores a 8% anuais.

Preciso citar que, como ministro de Economia e Finanças da República do Equador, em 2005, eu tive a grande honra de liderar e obter do Congresso Nacional a revogação dessa mácula chamada Feirep.

Referências bibliográficas

BANCO CENTRAL DO EQUADOR. *Cotizaciones mercados financieros*. Quito, 2009. Disponível em: <www.bce.fin.ec>; acesso em: 2 mar. 2015.
_____. *Engagement Letter Agreement, 30 jul. 1999*. Quito, 1999.
CAIC. *Informe final de la auditoría integral de la deuda ecuatoriana – resumen ejecutivo*. Quito, 2008.
FLORES, Marco. *El proceso de renegociación de la deuda pública externa del Ecuador en el año 2000*. Quito, mimeografia, 2005.
MINISTERIO DE FINANZAS Y CRÉDITO PÚBLICO DEL ECUADOR. "To All Holder's of Existing Bonds". Quito, 2000. (Carta circular.)
_____. *Subsecretaría de Crédito Público*. Quito, 2009.
ROBALINO, C.; ARMIJOS, A.; DE LA TORRE, A. El Plan Brady del Ecuador. In: CAIC. *Informe final de la auditoría integral de la deuda ecuatoriana – resumen ejecutivo*. Quito, 2008.

7. O *GUTIERRATO*: O MESMO, SÓ QUE PIOR

OUTRA VEZ ENGANADOS

A política econômica do governo do coronel Lucio Gutiérrez, que iniciou seu mandato em 15 de janeiro de 2003, não teve absolutamente nada de novo; pelo contrário, constituiu a mais ortodoxa expressão da corrente de pensamento dominante nas duas décadas anteriores na América Latina, ainda que agravada por alta dose de corrupção, incompetência e improvisação. Em fevereiro de 2003 e em tempo recorde, esse governo assinou a 13ª Carta de Intenções com o FMI, com cláusulas incompreensíveis do ponto de vista técnico e até ético. No documento, além do aumento dos preços da gasolina e dos serviços públicos, havia condições tão inverossímeis como o congelamento das pensões de aposentadoria e a paralisação dos empréstimos outorgados pelo Instituto de Segurança Social, apesar de ele supostamente ser autônomo do governo central; a proibição do uso de vendas antecipadas de petróleo como alternativa de financiamento; o congelamento de salários dos servidores públicos; a eliminação dos subsídios das empresas telefônicas e a implementação de uma nova tarifa com "ajuda" do Banco Mundial e do BID; a entrega da administração das companhias elétricas e telefônicas a "empresas privadas internacionais de prestígio"; e o estabelecimento de cláusulas de contingência no serviço da dívida externa, mas... a favor dos credores! Mesmo que seja difícil de acreditar, o Equador pagaria mais pela dívida se os preços do petróleo superassem o orçamento e reduziria gastos sem tocar no serviço da dívida se os preços estivessem abaixo do orçado[1]. Sem dúvida, tratou-se da mais vergonhosa e indigna carta de intenção da história do Equador e uma das piores de toda a América Latina.

---

[1] FMI, *Ecuador: memorando de política econômica* (Washington, DC, 2003).

A política econômica do governo de Gutiérrez contradisse abertamente as promessas de campanha e a vontade que o povo equatoriano demonstrou – e rejeitou – nas urnas. O primeiro ministro de Economia do mandato, Mauricio Pozo, ilustre banqueiro, pertencia ao grupo do ex-presidente Osvaldo Hurtado e à fundação que ele dirige, a Corporação para o Desenvolvimento (Cordes). A "política" que Pozo aplicou no Ministério de Economia foi a que indicou Hurtado como candidato presidencial nas eleições de 2002, proposta que obteve pouco mais de 1% dos votos (sim, exatamente isso, estimado leitor, pouco mais de *1%* dos votos). Inclusive certas medidas, como o aumento da gasolina, constituíram um deliberado engano frente a compromissos concretos. Isso, que praticamente passa despercebido em uma nação como o Equador, seria simplesmente inadmissível em um país desenvolvido, já que, além de atentar contra a democracia, destrói os valores éticos de uma sociedade e o grau de confiança que deve existir entre seus membros.

O custo do desejado "retorno" aos mercados internacionais

A valorização da dívida pública externa também foi fruto da política adotada desde janeiro de 2003 pelo governo de Lucio Gutiérrez, que esteve totalmente comprometido com os interesses do capital financeiro nacional e internacional. Mauricio Pozo acabava de ocupar a vice-presidência do Produbanco, e seu vice-ministro de Economia era o executivo máximo da caixa de valores do mesmo banco. Com Pozo, passou a funcionar o OCP e o Feirep (ver Capítulo 6), o que fez que os bônus Global 12 da dívida equatoriana passassem, de um valor de mercado de cerca de 63% no começo de 2003, a ser vendidos no ano seguinte inclusive além de seu valor nominal, ou seja, com "prêmio", enquanto um dos bancos possuidores da dívida era precisamente o Produbanco.

Com tudo isso, e depois de cinco anos de total subserviência aos interesses dos credores do país, aparentemente os mercados internacionais nos "aceitaram" de novo em seu seio maternal, para assim poder aceder a novas fontes de financiamento. Essas supostas "conquistas", como é habitual na discussão pública equatoriana, foram assumidas como benefícios obtidos quase sem nenhum custo, apenas na base de políticas "prudentes e disciplinadas", em oposição a artifícios "populistas" que irresponsavelmente queriam tomar outros caminhos.

Na realidade, o custo para o país foi enorme. A extração de recursos da economia por meio do Feirep e dos maiores superávits públicos primários da América Latina – resultado fiscal antes do serviço da dívida –, fizeram que nos anos do *gutierrato* tivéssemos as taxas de crescimento não petroleiro mais baixas da última década, com a óbvia exceção de 1999; como consequência, o desemprego passou de 9,2% em 2002 a 11,5% em 2004, o que significou que cerca de 150 mil novos desempregados fossem sacrificados no altar dos mercados internacionais e que, em 2004, houvesse *menos* postos de trabalho do que no fim de 2002. Para ilustrar como tudo isso foi deliberado e o que se poderia ter sido feito para evitá-lo, observamos que a Organização Internacional do Trabalho (OIT) considerava que liberando 400 milhões das contas fiscais, isto é, reduzindo o superávit primário em torno de 1,3% do PIB de 2002, seriam gerados de 40 mil a 50 mil empregos por ano[2]. Apesar desse escândalo, a burocracia internacional, os bancos e os pseudoanalistas econômicos que pululam pelo país – frequentemente pagos pelos próprios bancos – não se cansavam de tecer loas a essa política econômica "ortodoxa, conservadora e prudente". Lamentavelmente, nesse, como em muitos outros âmbitos, o país é incapaz de relacionar causas e efeitos.

A impossibilidade de "ausência de cor"

Pozo foi um dos principais economistas neoliberais do país. Entre muitos outros disparates, chegou a manifestar que a política econômica "não tem cor" e que respondia exclusivamente a fatores técnicos, quando, na realidade, a política econômica, por definição, é um campo claramente normativo da economia e, portanto, depende fundamentalmente de interesses e juízos de valor. Como mencionamos antes, a política econômica no governo de Gutiérrez tratou de aprofundar uma estratégia de desenvolvimento nem sequer finalizada, porque nunca funcionou.

Para justificar os drásticos, recessivos e injustos ajustes realizados na economia nacional durante o *gutierrato*, controlaram os discursos da crise fiscal, que também os indígenas e os grupos sociais que participaram fizeram – pelo menos inicialmente – nesse governo, o que não é nada novo na América Latina, pois segundo a ótica do Consenso de Washington, tudo começa e termina na "crise" fiscal. Nesse caso, foram apresentadas cifras realmente dramáticas em relação ao déficit fiscal, que foi situado em cerca de 30% do orçamento e mais de 7% do PIB. O curioso foi que, com esse déficit descomunal, no Ministério de Economia se ratificaram quatro subsecretários do regime anterior. Cabe lembrar que o mesmo

---

[2] OIT, *Empleo y protección social en Ecuador: propuestas de la OIT* (2. ed., Quito, 2002).

discurso de quebra fiscal foi feito em meados de 2002 para justificar a urgência da assinatura de um acordo com o FMI, que o governo de Gustavo Noboa não pôde, por fim, concretizar.

Na realidade, desde a crise de 1999, o Equador esteve entre os países da América Latina com melhores resultados fiscais, o que, como já foi comentado, não é necessariamente bom, já que existe uma grande diferença entre estar esbelto por praticar esportes, isto é, ter superávits por uma maior eficiência nas arrecadações e no gasto público, e estar magro por ter costurado a boca, o que representaria a contração do gasto público a qualquer custo.

Por que, então, insistir no ajuste fiscal, com suas implicações recessivas? Porque, além do fundamentalismo ideológico e da priorização do serviço da dívida, frente aos gravíssimos desequilíbrios externos gerados pela dolarização, tentava-se utilizar uma política fiscal de contração para controlar a demanda agregada e, assim, diminuir o problema externo. Apesar do custoso esforço fiscal, a probabilidade de reverter o desequilíbrio externo dessa forma era praticamente nula, já que não se tratava de um problema de *nível* de demanda, mas de *estrutura* de demanda, em que, com uma inflação acumulada de mais de 150% desde que foi implementada a dolarização, requerer-se-ia recuperar o câmbio nominal para poder corrigir os preços relativos e orientar a demanda para bens nacionais ou, se fosse impossível, utilizar uma ativa política comercial com uma inteligente gestão de tarifas, o que atentava contra o catecismo do Consenso de Washington.

O discurso do "desastre fiscal" também foi utilizado na Argentina e no Leste Asiático – economias que naquela época tinham sistemas de câmbio fixo – para justificar os ajustes fiscais recessivos e regressivos realizados com o apoio do FMI. Essas políticas de contração pioraram o setor real, exacerbaram tensões sociais e, longe de evitar a crise, a precipitaram. Como manifesta Joseph Stiglitz, Prêmio Nobel de Economia de 2001, "raramente se restaura a confiança com políticas que dirigem as economias para maiores depressões"[3].

Culpados os assalariados do setor público?

O reiterado argumento do incremento dos salários públicos como principal causa do problema fiscal merece uma consideração à parte, pois é a fiel representação da economia política que está por trás dos ajustes, que pretende passar o

---

[3] Joseph Stiglitz, "Lessons from Argentina's Debacle", *The Straits Times*, 10 jan. 2002.

peso da crise para os assalariados, enquanto se privilegiam os rendimentos do capital e nem sequer se menciona a correção de preços claramente distorcidos, tais como as taxas de juros.

A massa salarial do setor público no financeiro chegou a 1,69 bilhão de dólares em 1998, 8,6% do PIB. Em virtude da crise de 1999, essa massa salarial se reduziu para 990,7 milhões de dólares em 2000, uma queda de 41,4%. O que se fez nos anos posteriores foi recuperar os salários do setor público, mantendo-os em 2004 em menos de 8% do PIB, níveis relativos mais baixos que antes da crise.

A análise simplista e escandalizadora do incremento nos salários públicos que se manteve no Equador nos últimos anos, sem considerar sua brutal queda em 1999 e em 2000, é uma meia verdade que reflete extrema ingenuidade ou desonestidade intelectual. Na realidade, como já mencionamos, em outro exemplo de economia política atrás da política econômica, pretendia-se que os salários públicos fossem a variável de ajuste diante da crise, o que não é ético nem técnico, pois era preciso pensar o que teria acontecido com crescimento econômico nesses anos sem a recuperação dos salários dos servidores públicos.

A "POLÍTICA REALISTA"

Um dos argumentos mais recorrentes para justificar tanta mediocridade era que a interdependência do Equador com o mundo não permitia a existência de uma política soberana e haveria que se submeter às exigências do sistema imperante.

Ainda que, quanto mais graves e urgentes os problemas, menos alternativas de política existem no curto prazo, sempre há uma margem de ação, que se amplia com o tempo para criar a possibilidade de construir um projeto verdadeiramente nacional. Não se trata de ser imaginativos, como em geral se comenta, pois há poucas coisas novas em economia. Trata-se basicamente de ter a vontade política e a capacidade técnica para aplicar medidas econômicas, inclusive de curto prazo, que obedeçam realmente a objetivos nacionais e não sejam apenas reflexo das percepções e das conveniências de países e grupos dominantes.

O problema da política econômica do presidente Gutiérrez *não* foi de ausência de margem de ação. Como se observou, deliberadamente se tratou de consolidar um modelo de desenvolvimento já em crise no resto do mundo, rejeitado esmagadoramente nas urnas e que foi um fracasso quanto à eficiência e à equidade na América Latina. Em suma, o Equador seguiu com a aplicação de esquemas que destruíram a economia de nações subdesenvolvidas, que deterioraram o meio ambiente, que geraram mais exclusão social, que colocaram em risco as democracias e cujo fator determinante não foi o desenvolvimento, mas o acomodar de forma submissa as economias às demandas dos interesses transnacionais e ao serviço da dívida externa.

É claro que nem tudo pode ser feito em economia, mas também é óbvio que não era preciso fazer o mesmo de sempre e, mais ainda, o mesmo de forma piorada.

Referências bibliográficas

BANCO CENTRAL DEL EQUADOR. *Boletín de estadísticas mensual*. Quito, n. 1.799, 2002.

_____. *Boletín de estadísticas mensual*. Quito, n. 1.840, 2005.

_____. *Boletín de estadísticas mensual*. Quito, n. 1.880, 2008.

_____. *Cotizaciones de mercados financieros*. Quito, 2009. Disponível em: <www.bce.fin.ec>; acesso em: 2 mar. 2015.

FMI. *Ecuador*: memorando de política económica. Washington, DC, 2003.

OIT. *Ecuador. Empleo y protección social en Ecuador*: propuestas de la OIT. 2. ed. Quito, 2002.

STIGLITZ, Joseph. Lessons from Argentina's Debacle. *The Straits Times*, 10 jan. 2002.

REPARANDO INJÚRIAS

8. O POPULISMO DO CAPITAL

O CONTROLE INFLACIONÁRIO COMO PRINCÍPIO E FIM DA
POLÍTICA ECONÔMICA

Dada a instabilidade de preços dos anos 1980 e os fundamentos da nova estratégia de desenvolvimento, nas últimas décadas a política econômica de curto prazo foi voltada ao controle da inflação. De acordo com o paradigma vigente, a estabilização de preços constituía a condição necessária – que logo o fundamentalismo converteu em condição praticamente suficiente – para lograr o desenvolvimento através de uma adequada alocação de recursos por meio dos mercados nacionais e internacionais. Lamentavelmente, essa ênfase no controle inflacionário produziu uma confusão de meios e fins, pois a minimização da inflação se tornou o objetivo prioritário e até mesmo exclusivo da política econômica, postergando finalidades como crescimento e geração de emprego e, muitas vezes, sacrificando-os em função da macroestabilização de preços.

No caso da política monetária, em toda a América Latina foram estabelecidos bancos centrais autônomos em relação aos governos centrais e orientados exclusivamente ao controle da inflação, ainda que não exista evidência concreta que relacione maior independência do banco central a maiores taxas de crescimento. Pelo contrário, bancos centrais dependentes dos governos centrais e comprometidos com políticas de crescimento desempenharam um papel fundamental no crescimento de países como o Japão e a Coreia. Até os anos 1970, o objetivo fundamental do Federal Reserve (FED), banco central dos Estados Unidos, foi prezar pela geração de emprego e pelo crescimento econômico. Diante das pressões inflacionárias acarretadas pela Guerra do Vietnã e uma vez superados os traumas da Grande Depressão, foi somente com a emenda de 1977 que se colocou explicitamente como missão fundamental do FED gerar o máximo nível de produção e de emprego sustentável, além de promover a estabilidade dos preços.

Por outro lado, a perda de governabilidade que um banco central totalmente autônomo do governo pode produzir – situação comum na realidade latino-americana – supera com vantagens os supostos lucros de sua maior independência. Um bom exemplo disso é a descoordenação mostrada pelo Banco Central e o governo do Equador para enfrentar a crise financeira e monetária de 1999, como já observamos no Capítulo 4.

Na realidade, ao mesmo tempo que deter uma alta inflação é necessário para o crescimento nacional, a *minimização da inflação não acarreta mais crescimento*. Bruno e Easterly[1] calculavam que inflações maiores de 40% afetam o crescimento econômico, e abaixo desse patamar não existe evidência de que menos inflação esteja correlacionada com maior crescimento. Independentemente de o patamar estimado ser o correto, esses resultados verificam a hipótese da assimetria quanto aos impactos da inflação. Aqui talvez se esteja cometendo o mesmo erro – observado no Capítulo 5 – dos economistas ortodoxos: a lógica contrafatual, o assumir que, se uma inflação alta é ruim, quanto mais baixa ela for, melhor será. Imaginemos quão terrível seria se esses economistas fossem médicos – concluiriam, de modo brilhante, que, como a febre é ruim, quanto mais baixa a temperatura corporal... melhor!

Para popularizar a obsessão do controle inflacionário, vendeu-se muito a ideia de que se trata do pior imposto para os pobres. Isso pode ser verdade, *sempre e quando não houver as compensações adequadas*. Se o que se quer é ajudar os pobres, existem mecanismos mais eficazes que políticas que destroem o setor real da economia e, assim, prejudicam também esses mesmos pobres que se diz defender. Para o caso equatoriano, León e Vos[2] apresentam evidências de que a pobreza aumentou em períodos de alta inflação e diminuiu no intervalo ente 1991 e 1997, durante o qual se reduziu a inflação, mesmo que nele a inflação média do país tenha sido de 36% e, como os mesmos autores observam, a redução da pobreza tenha derivado de aumentos salariais que permitiram recuperar a renda real dos trabalhadores.

---

[1] Michel Bruno e William Easterly, "Inflation and Growth: in Search of a Stable Relationship", *Federal Reserve Bank of St. Louis Review*, v. 78, n. 3, maio-jun. 1996, p. 139-46.
[2] Mauricio León e Rob Vos, *La pobreza urbana en el Ecuador 1988-1998: mitos y realidades, estudios e informes del Siise* (Quito, Abya-Yala, 2000).

Na realidade, uma inflação baixa e devidamente antecipada, nem teórica nem empiricamente tem grandes efeitos sobre crescimento ou distribuição – menos ainda quando há compensações adequadas, tais como ajustes salariais apropriados. Então, a que ou a quem atendem esses tipos de política? Para responder a essa pergunta, é necessário observar que existe apenas um custo proveniente da inflação que é praticamente impossível evitar, inclusive no caso de uma inflação pequena e antecipada: a perda de valor dos ativos líquidos. Como exemplo, se alguém tem cem dólares no bolso e um quilo de batata custa um dólar, significa que a pessoa tem cem quilos de batata. Se ocorre uma inflação de 10% e o quilo de batata passa a custar 1,1 dólar, essa mesma pessoa terá aproximadamente apenas noventa quilos de batata. É preciso observar que essa perda pela inflação constitui um custo para os possuidores de ativos, mas não uma perda *líquida* para a sociedade, pois na realidade representa uma *transferência* de recursos para a autoridade central que respalda a moeda, o que se conhece como *imposto inflacionário*. Pode-se pensar no dinheiro como uma obrigação da autoridade que o emite. Mas, pela mesma quantidade de dinheiro, essa autoridade deve responder menos em termos reais. Em outras palavras, quem ficou com os dez quilos de batata? O governo.

Imaginemos, então, a perda para os possuidores de ativos líquidos quando não se trata de cem dólares, mas de bilhões de dólares. Qual setor da economia controla essas quantidades de ativos líquidos? O financeiro. Dessa forma, é basicamente o setor financeiro da economia, possuidor de ativos líquidos em grandes quantidades, que tende a descapitalizar-se com a inflação, o que reitera a ideia de que a política econômica aplicada na América Latina nas últimas décadas teve como condição básica proteger o capital financeiro, independentemente dos custos que isso cause para os demais agentes e da economia de modo geral.

Custos das políticas hooverianas

Como parte do dogma da estabilidade, encontramos a estigmatização de todo aquele que discorda de seus postulados simplistas, de tal forma que só existem duas categorias de economistas: amantes da estabilidade de preços, supostamente disciplinados e prudentes, ou populistas, termo difuso que serve para enquadrar todos os que não concordem com o paradigma dominante.

No entanto, cada vez existe mais evidência das custosas consequências dessas políticas em relação a emprego e crescimento. A Cepal observa que os desalentadores resultados econômicos obtidos na América Latina se devem às "políticas de gestão macroeconômica baseadas em um conceito de estabilidade restringido ao controle da inflação e do déficit público, ignorando as importantes repercussões para o setor real da economia"[3].

Do lado das empresas, os efeitos de longo prazo desse tipo de política podem ser muito graves, dado que existe uma assimetria entre a facilidade com que se podem destruir empresas por políticas equivocadas e a dificuldade de criar novas empresas com as políticas adequadas. A própria estratégia das empresas para enfrentar um contexto econômico adverso pode levar a impactos de longo prazo, como quando se sacrifica orçamento voltado a capacitação e investigação. Além disso, com fechamento de empresas e trabalhadores desempregados, é muito difícil que se produzam dinâmicas fundamentais para a competitividade, como núcleos industriais e os processos de "aprender-fazendo". O resultado é, então, de menor produtividade dos fatores no futuro, maior incerteza como produto da volatilidade do crescimento e, como consequência, menor investimento[4].

A prioridade excludente da estabilização de preços como política econômica também significou na prática o abandono de uma política fiscal orientada a manter o pleno emprego dos recursos na economia. Assim, a política fiscal se converteu em pró-cíclica, o que significava que, em vez de atenuar, agravava os episódios de recessão e desemprego, em virtude da busca de altos superávits independentemente da situação do setor real da economia. Com isso, buscava-se controlar a demanda agregada para reduzir a inflação, mas também, e provavelmente sobretudo, lograva-se liberar recursos para o serviço da dívida pública.

De modo paradoxal, essas políticas fiscais foram impulsionadas e inclusive impostas pelo FMI – organismo criado em 1944 sob influência das ideias do grande economista John Maynard Keynes –, cujo objetivo era, precisamente, afrouxar a restrição financeira dos governos nacionais para poder realizar uma política anticíclica e manter estabilizado o nível de demanda agregada global.

Por fim, essas políticas "hooverianas" – termo em referência ao presidente Hoover, que, nos primórdios da Grande Depressão norte-americana da década de 1930, aprofundou a crise com esse tipo de medidas – podem agravar o problema

---

[3] Cepal, *Globalización y desarrollo* (Santiago do Chile, Comisión Económica para América Latina y el Caribe, 2002).

[4] Joseph Stiglitz, "More Instruments and Broader Goals: Moving Towards the Post Washington Consensus", *Wider Annual Lectures*, n. 2 (Helsinque, 1998). Disponível em: <www.wider.unu.edu/publications/publications.htm>; acesso em: 2 mar. 2015.

fiscal em vez de solucioná-lo, já que a contração da economia reduz receitas fiscais e, dessa forma, geram-se déficits endógenos, como muitos autores sustentam que aconteceu na Argentina[5].

A RENTABILIDADE POLÍTICA DO DISCURSO ANTI-INFLACIONÁRIO

Em geral, *toda* inflação pode ser controlada com políticas fiscais e monetárias recessivas. Com essas políticas contrativas, apenas uma pequena porcentagem da população fica sem emprego; esses "poucos" estarão *terrivelmente* mal, mais ainda em países sem seguro-desemprego, mas, caso se consiga reduzir a inflação, a maioria da população estaria provavelmente um *pouco* melhor. No fim das contas, os poucos *muito* prejudicados e os muitos *algo* beneficiados têm um voto cada um, e a cruzada anti-inflacionária terá um grande apoio político – apesar de não ficar claro se o bem-estar social de fato melhorou. Por isso, o discurso anti-inflacionário é politicamente muito rentável, ainda mais em países como o Equador, nos quais não se discernem as fontes da inflação nem se relacionam causas e efeitos.

A magnitude do ajuste e os custos dele variam de acordo com a natureza da inflação. Há casos muito simples e relativamente pouco custosos de deter. Por exemplo, se a origem da inflação é emissão inorgânica, a resposta de política econômica será obvia: parar essa emissão e, assim, os custos para conter a inflação provavelmente serão baixos. Mas se as origens são custos externos – desastres naturais ou, no caso de um país dolarizado como o Equador, desvalorização do dólar –, aplicar uma política contrativa para controlar essa inflação, chamada de inflação por custos, pode acarretar imensos e negativos impactos sociais.

É, então, imperativo ter claro que o nível de inflação *não é* um indicador de bem-estar e que o desejável de políticas contrativas para reduzi-lo depende de uma análise de custo-benefício. Para retratar o que foi dito com um exemplo externo, um governo cuja obsessão, independentemente de suas causas e suas consequências, é o controle inflacionário poderia deixar sem emprego nem renda a toda a população; a inflação certamente baixaria, mas isso não significa que o bem-estar social melhoraria. Em outras palavras, nos cemitérios, claro que não há inflação!

A versão mais extrema do "dogma da estabilidade" e de seu uso político é, sem dúvida, a dolarização equatoriana. Um câmbio fixo irreversível, em uma

---

[5] Héctor Rubini, *Evaluación del plan de convertibilidad de la República Argentina, 1991-2002* (trabalho apresentado na Facultad Latinoamericana de Ciencias Sociales, Quito, fev. 2003); Saúl Keifman, "Auge y derrumbe de la convertibilidad argentina: lecciones para el Ecuador", *Íconos*, Quito, Flacso, n. 18, 2004.

economia aberta, pequena e de baixa produtividade, é um disparate técnico, que decerto algum dia controlará a inflação, mas que pode quebrar o setor real da economia. Como acertadamente manifesta Stiglitz[6], a dolarização controla a inflação... e nada mais!

A satanização de todo gasto público

Talvez o exemplo mais representativo desse tipo de políticas tenham sido as mal nomeadas "leis de disciplina fiscal" que se impuseram por toda a América Latina. No Equador, essa lei, oficialmente chamada de Lei de Responsabilidade, Estabilização e Transparência Fiscal, a mesma que criou o Feirep e, em cruel eufemismo, era chamada Lei de Transparência Fiscal, limitava o crescimento dos gastos públicos, independentemente da situação da economia e das necessidades do país. De fato, excluindo a dívida, que não tinha nenhum limite, o gasto público – corrente ou de capital, permanente ou temporário, para educação ou saúde – podia crescer um máximo de 3,5% ao ano em termos reais.

Para exemplificar o absurdo que significava essa nefasta lei, se o país descobrisse urânio e obtivesse bilhões de dólares anuais, o Estado não podia construir uma simples represa hidroelétrica, pois era ilegal! Como consequência, a represa devia ser construída pelo setor privado, e os fundos públicos extraordinários tinham que ser utilizados unicamente para pagar a dívida. Nisso consistia a economia política atrás dessa absurda lei: a pretensão de maximizar os recursos disponíveis para o pagamento da dívida e, por outro lado, o fundamentalismo ideológico que buscava que qualquer investimento fosse feito exclusivamente com capital privado. Em outras palavras, a lei buscava novamente e por todos os meios agradar o capital privado, sem se importar com o desenvolvimento nacional.

Em princípio, e ainda que a Lei de Transparência nem sequer tenha feito isso, os economistas ortodoxos diferenciam gasto público corrente e gasto público para investimento, basicamente satanizando o primeiro. Porém, limitar o gasto corrente nem sempre é uma ideia adequada e responde a um conceito equivocado e às habituais confusões entre a análise contábil e a análise econômica. Gasto corrente é aquele que não tem como contrapartida a geração de um ativo, mas muitas vezes se consideram certos gastos como correntes apenas porque o ativo que geram é de *difícil* contabilização. Por exemplo, para toda pessoa razoável, ter um grande recurso humano constitui um ativo fundamental em uma sociedade.

---

[6] Joseph Stiglitz, "More Instruments and Broader Goals", cit.

Apesar disso, os salários dos professores são considerados gastos correntes, ainda que inquestionavelmente suficientes e bem pagos, professores geram, por meio da educação, um talento humano muito melhor. Considerando o fato de que não é desejável para ninguém ter maior gasto corrente por excesso de burocracia, no Equador, sob esses dogmatismos, desde 1977 até 2005 não se abriu nenhum posto docente, gerando um déficit de 12 mil postos no sistema de educação pública – um dos motivos pelos quais todas as avaliações demonstravam o péssimo estado do sistema educativo equatoriano.

A satanização do gasto corrente, quando nossos queridos economistas ortodoxos atuam de boa-fé, busca evitar desequilíbrios fiscais com o pressuposto de que não existe receita permanente suficiente para financiá-los. Nesses casos também há um grave erro conceitual: o que se deve buscar é respaldar o gasto *permanente* com a receita *permanente*. Em princípio, todo gasto permanente é gasto corrente, mas o contrário não é verdade. Uma campanha de vacinação para erradicar doenças como a pólio, além de obviamente melhorar o recurso humano – o que em termos econômicos se chama investimento –, será um gasto por um período determinado; no entanto, dentro do enfoque contábil que predomina nos economistas ortodoxos, seguirá sendo só gasto corrente.

Desarticulando a falácia da prudência

Como já dissemos, todas essas políticas se apresentaram como "prudentes", fazendo-nos crer que na economia e na vida, independentemente das circunstâncias, a poupança sempre é uma virtude. Como de costume, essas bobagens não resistem à menor análise. O que pensaria a dona de casa cujo lar está pegando fogo se ela for impedida de comprar o extintor em função da "virtude" da poupança? Que diria o empresário cuja máquina, base de seu negócio, quebrou, se lhe pedissem para não comprar uma nova em nome da "prudência"? Qual seria a opinião da comunidade se um pai de família cujo filho está gravemente enfermo não o levasse ao médico a fim de "diminuir o gasto corrente"? Algum analista genial observará de imediato que esses são exemplos microeconômicos. Porém, na instância macroeconômica, o absurdo é ainda maior. Uma poupança fiscal inadequada, como se observou, gera o já conhecido "paradoxo da frugalidade", que consiste no fato de que, ao tirar recursos do fluxo circular da economia, o efeito recessivo provocado pode ocasionar uma redução da receita nacional que diminua ainda mais a poupança e incremente os déficits fiscais; além disso, como se observou no Capítulo 7, certos estudos estimam que, a cada 10 mil dólares, a economia equatoriana gera em média um posto de trabalho – isso significa que 100 milhões fora do fluxo da economia são 10 mil postos de trabalho que se deixam de criar, o que está muito longe de ser uma virtude.

Como entender todos os pequenos fundos que proliferaram na América Latina, supostamente pela "virtude da poupança", quando ao mesmo tempo se tinha a necessidade de financiamento? Como se pode fazer do fideicomisso supostamente poupança pública quando se previam déficits orçamentários? Na realidade, a poupança forçosa que impunham certas leis não era assim, dado que significava tão somente cobrir um buraco abrindo outro e, em consequência, não reduzia o montante da dívida. No Equador, chegou-se ao absurdo de ter bilhões de dólares em fideicomisso com baixíssimos rendimentos para a "época das vacas magras" – que, no âmbito do poder dominante, não é outra coisa senão garantir o pagamento da dívida externa em caso de crise – enquanto o país se endividava a taxas muito mais altas para cobrir incontornáveis compromissos. Dessa forma, essa "pedalada" financeira sem sentido só servia para revalorizar os bônus da dívida.

Mas, caso realmente houvesse capacidade de poupança, para a tomada de decisões, é básico o conceito de *custo de oportunidade*, o lucro que se deixa de receber pelos recursos se eles estivessem alocados para usos mais valiosos. Os leitores podem ter a certeza de que o melhor uso desses recursos *nunca é*, com ou sem capacidade de poupança, ter o dinheiro praticamente congelado em absurdos fideicomissos, que inclusive contradiziam um dos pilares da macroeconomia, que é buscar que a poupança flua da forma mais eficiente para o investimento. Em outras palavras, em nenhuma sociedade, menos ainda se for pobre, guardar a poupança embaixo do colchão é eficiente.

Essas políticas fiscais que se apresentaram como "disciplinadas e prudentes", apesar de representarem altos custos em relação a crescimento, emprego e bem-estar, não eram somente imprudentes, mas altamente irresponsáveis. No caso do Equador, a Lei de Transparência Fiscal tornou ilegal o investimento público e, com isso, apesar da recuperação dos preços do petróleo, postergou as indispensáveis obras de infraestrutura de que o país precisava e que só podiam ser feitas com a participação do setor público, investimentos como reconstrução de vias, sistema de controle de inundações, geração elétrica, refinarias etc., obras cuja carência custou ao país bilhões de dólares. Para citar um exemplo, a ausência das indispensáveis hidroelétricas – em um país com abundância de recursos hídricos – fez que a maior parte da eletricidade fosse de fonte térmica, que o Equador tivesse uma das energias elétricas mais instáveis e caras da região e que diariamente perdesse milhões de dólares com a compra de combustíveis que, diga-se de passagem, apesar de ser produtor de petróleo, também tem de importar por falta de investimento em refinarias.

Em resumo, a suposta prudência foi, na realidade, a maior insensatez, dado que as sociedades latino-americanas, tão necessitadas de infraestrutura, educação, saúde, emprego etc., já não tinham o suficiente, e a falta de investimentos básicos incrementou a penúria fiscal em vez de reduzi-la. Há aqui uma lição clara para que os estudantes de economia nunca mais se deixem enganar por falácias sem o menor fundamento: *não há maior prudência do que saber investir.*

A VERDADEIRA ESTABILIDADE ECONÔMICA

Como mencionamos no capítulo anterior, a política econômica é normativa, isto é, responde a ideologias, juízos de valor e, por mais lamentável que seja, de forma bastante frequente, a interesses particulares. Durante muito tempo, na América Latina, e concretamente no Equador, aplicou-se uma política econômica basicamente em função do capital, em especial o financeiro. Para legitimar essa *opção*, não se hesitou em distorcer conceitos fundamentais, como a estabilização econômica, que foi reduzida ao simples controle da inflação; em limitar o âmbito da política econômica à programação fiscal que garantisse excedentes para maximizar o pagamento da dívida pública; nem em alterar prioridades, até mesmo as éticas, como a supremacia do trabalho humano sobre o capital, quando a variável de ajuste pretendeu ser os salários do setor público, e não, por exemplo, o serviço da dívida.

Os países latino-americanos devem superar a simplicidade do controle da inflação como sinônimo de estabilidade econômica. O objetivo final da economia é o *bem-estar humano*. Em geral, utilizamos indicadores para refletir as mudanças nesse bem-estar; tradicionalmente, elas foram o crescimento econômico e a geração de emprego produtivo. O crescimento econômico – conceito bastante questionado, pelo menos na forma de medição (ver Quadro 8.1) – em princípio significa a maior quantidade de bens e serviços gerados por uma sociedade, que deve ter maior capacidade para satisfazer necessidades e, como consequência, vai conseguir maior nível de bem-estar. Por sua vez, a geração de emprego é, para muitos, por si só, o maior indicador de progresso econômico e social, já que pode existir crescimento sem geração de emprego produtivo, mas o contrário não é possível, e ninguém encontrou uma política social melhor que gerar emprego de qualidade. Como consequência, a verdadeira estabilidade em economia seria o alcance do maior nível de crescimento e de emprego produtivo sustentáveis, o que em princípio acarretaria maior capacidade para satisfazer necessidades e para que cada cidadão ganhe a vida dignamente.

Por outro ponto de vista, a verdadeira estabilidade econômica supõe uma situação *desejável*, com maior quantidade de crescimento e emprego, e *perdurável*, ou seja, sustentável no tempo. Como consequência, uma situação "estável", mas não desejável, não seria estabilidade econômica. É o caso, como já se afirmou, da estabilidade de preços à custa de um grande nível de desemprego. Da mesma maneira, nós nos endividarmos ou destruirmos a natureza em busca de altos níveis de crescimento e emprego atual, mas ocasionando maiores problemas no futuro, tampouco significa estabilidade[7].

A maioria das supostas "estabilizações" realizadas na América Latina, baseadas nos chamados programas de *ajuste estrutural*, não conseguiu situações desejáveis nem sustentáveis, pois se fundamentou na diminuição do crescimento, na destruição de emprego, na deterioração das condições sociais e, inclusive, como veremos adiante, deixou as economias da região mais vulneráveis a fatores externos.

No fim do processo, o que permite maximizar crescimento e emprego de forma sustentável é a quantidade de recursos naturais, humanos, tecnológicos e produtivos da sociedade (ver Capítulo 12); depois, com esse crescimento, devolvemos à economia sua verdadeira essência: uma *ciência de variáveis reais*, não de variáveis nominais.

QUADRO 8.1 – Os problemas da taxa de crescimento

A taxa de crescimento da economia, que para muitos é o principal indicador de "êxito" econômico, não é outra coisa senão a variação percentual da produção de um país. Essa produção, conhecida tecnicamente como o Produto Interno Bruto (PIB), mede-se em termos monetários, o que implica sua principal limitação: deixa de lado ou subvaloriza qualquer coisa que não tenha preço de mercado; em outras palavras, tudo o que não for mercadoria. Dessa forma, o PIB mede essencialmente a produção de mercadorias, deixando de fora toda a produção para autoconsumo, subestimando a produção pública e não contabilizando o consumo de bens com grande valor, mas sem preço de mercado, como o meio ambiente. Tudo isso permite barbaridades extremas,

---

[7] Tecnicamente, ainda que limitando-nos a dimensões monetárias, a verdadeira estabilidade em economia significa equilíbrios macroeconômicos de pleno emprego sem acumulação intertemporal de dívida.

como o fato de um país apresentar grandes taxas de crescimento, ainda que destrua mais do que produz; o referido crescimento pode se basear em um dano ambiental muito maior do que o valor dos bens gerados.

Outra das grandes limitações da taxa de crescimento como indicador do êxito econômico e de bem-estar é não considerar questões de distribuição. Como frequentemente ocorreu na América Latina, há economias bem-sucedidas, com altas taxas de crescimento, mas que, ao mesmo tempo, apresentam um aumento da pobreza. Por isso, para economias desiguais como as latino-americanas, talvez o melhor indicador de progresso econômico e social seja simplesmente a diminuição da pobreza absoluta.

Com constância, argumenta-se que, sem crescimento, não há desenvolvimento. Isso talvez estivesse certo se se contabilizasse adequadamente a produção; mas, mesmo assim, a afirmação pode ser questionada. Esse é o motivo de existirem muitos movimentos, sobretudo nos países desenvolvidos em que já se satisfizeram as necessidades de base, que propõem o "crescimento zero" como forma de aliviar os problemas ecológicos do planeta.

O que fica claro é que, para o objetivo final da economia, o bem-estar humano, distribuir algo é tão importante quanto produzir. Por exemplo, no Equador, com a produção *atual*, mas com uma distribuição socialmente mais equitativa dos frutos dessa produção, com facilidade se eliminaria a pobreza.

Necessidade de políticas econômicas soberanas

A instabilidade econômica observada durante os anos 1980 deveu-se muito aos desequilíbrios causados nos setores exportador e fiscal pela má implementação dos processos de industrialização, assim como pelo serviço da dívida externa, este último exacerbado pelo incremento das taxas de juros em 1982. Hoje, essas fontes de instabilidade, mesmo que ainda vigentes, foram bem atenuadas, mas durante a década de 1990 apareceram novas e graves fontes de instabilidade, que se traduziram em reiteradas crises monetárias e de balança de pagamentos; nessa época, o crescimento e a geração de emprego na região foram afetados gravemente. Na raiz desses problemas se encontra a estratégia de desenvolvimento seguida. De acordo com a Cepal, referindo-se às reformas estruturais neoliberais, no começo do século existia "maior vulnerabilidade macroeconômica dos países em desenvolvimento diante dos choques externos, o que contrasta com os menores e muito limitados instrumentos de que dispõem para fazer frente a eles"[8]. Sem dúvida, a reforma mais nociva nesse sentido foi a liberalização financeira e a alta mobilidade internacional de capitais que ela implica. Em 2001, as transações cambiais diárias chegaram a 1,2 bilhão de dólares por dia, cerca de quarenta vezes a produção anual de um país como o Equador. Em um mundo de tão alta mobilidade de capitais, parece impossível para nações pequenas e em desenvolvimento ter estabilidade de preços e, mais importante, estabilidade no crescimento e no emprego.

De fato, a alta mobilidade de capitais é uma das características mais criticadas da globalização econômica neoliberal, em especial pela perda das políticas nacionais e pelos grandes problemas que a especulação financeira internacional causou nos países em desenvolvimento, crises que frequentemente não são consequência de ações diretas dos países que as sofrem, mas reflexo do que fazem ou deixam de fazer os outros países e até do humor dos investidores internacionais.

Diante dessa situação, existem basicamente dois caminhos. Se políticas soberanas e objetivos nacionais são desejáveis, a primeira saída é, óbvio, reduzir a volatilidade de capitais. É necessário ressaltar o "se são desejáveis", pois nos últimos anos se impôs no Equador o simpático "critério" de que, quanto menos instrumentos e políticas, melhor. Ainda que, como vimos no Capítulo 5, essa posição "intelectual" não resista a nenhuma análise séria, uma de suas consequências foi a dolarização oficial da economia equatoriana.

Para reduzir a volatilidade de capitais, há tempos economistas vêm manifestando a necessidade de jogar areia no processo da globalização, isto é, impor determinadas barreiras a fim de diminuir a mobilidade de capitais. James Tobin, que ganhou o Prêmio Nobel de Economia em 1981, há mais de vinte anos propôs a necessidade de estabelecer um imposto ao fluxo internacional de capitais. A taxa Tobin não só diminuiria a volatilidade desses fluxos, mas a arrecadação gerada poderia servir para financiar projetos de desenvolvimento. Claro que, dada a orientação da globalização neoliberal, na qual o interesse que predomina não é o dos países em desenvolvimento, mas o do capital internacional, essas propostas foram amplamente deixadas de lado.

Um segundo caminho – ainda que de forma alguma excludente – é constituir blocos econômicos maiores, que, à diferença dos processos de integração já tentados na América Latina, que colocaram ênfase no plano comercial, caracterizem-se sobretudo pela união monetária, diminuindo a vulnerabilidade das economias nacionais diante dos embates do capital financeiro especulativo. Ter

---

[8] Cepal, *Globalización y desarrollo*, cit.

uma moeda comum exige a coincidência dos ciclos econômicos ou, na sua falta, uma alta mobilidade laboral no interior da união monetária; isso possibilita que o ajuste aos episódios de desemprego ou de inflação se realize sem maiores custos por meio do setor real da economia e, basicamente, pelo sistema laboral. Em outras palavras, a renúncia às moedas nacionais dentro de verdadeiras uniões monetárias deve ser compensada com a mobilidade laboral no interior da região, o que exige certo grau de integração política, pelo que os imperativos econômicos e a necessidade de moedas e economias regionais imporiam também, em um futuro não muito distante, o surgimento de novas unidades geopolíticas.

Para uma nova estratégia e noção de desenvolvimento

A política econômica que o Equador seguiu a partir do fim dos anos 1980 se inseriu no paradigma de desenvolvimento econômico dominante na América Latina, o chamado neoliberalismo – isto é, a busca de que os mercados nacionais e internacionais resolvam todas as questões econômicas e inclusive sociais –, sistema aplicado com as inconsistências próprias da corrupção, da necessidade de manter a subordinação econômica e da exigência de servir à dívida externa. Felizmente, depois de um estrondoso fracasso, o ciclo neoliberal está chegando ao fim na América Latina, como demonstram os processos de transformação que estão em marcha na região.

O Equador e a América Latina devem buscar não apenas uma nova estratégia, mas também outra noção de desenvolvimento, que não seja simplesmente a de imitar modelos que reflitam percepções, experiências e interesses de países e grupos dominantes, em que economias mais vulneráveis não fiquem completamente submetidas à enteléquia chamada mercado; em que o Estado e a ação coletiva recuperem seu papel essencial para o desenvolvimento; em que se preservem ativos intangíveis, mas fundamentais como o capital social (ver Capítulo 12); e em que as aparentes exigências da economia não sejam excludentes ou, pior ainda, antagônicas com o desenvolvimento social. É claro que tudo isso implicaria recuperar políticas econômicas soberanas em função de verdadeiros projetos nacionais, e não apenas em função dos interesses do grande capital, o que constituiu realmente um populismo do capital.

Referências bibliográficas

BRUNO, Michel; EASTERLY, William. Inflation and Growth: in Search of a Stable Relationship. *Federal Reserve Bank of St. Louis Review*, v. 78, n. 3, maio-jun. 1996, p. 139-46.

CEPAL. *Globalización y desarrollo*. Santiago do Chile, Comisión Económica para América Latina y el Caribe, 2002.

KEIFMAN, Saúl. Auge y derrumbe de la convertibilidad argentina: lecciones para el Ecuador. *Íconos*. Quito, Flacso, n. 18, 2004.

LEÓN, Mauricio; VOS, Rob. *La pobreza urbana en el Ecuador 1988-1998*: mitos y realidades. Estudios e informes del Siise. Quito, Abya-Yala, 2000.

OIT. *Empleo y protección social en Ecuador*: propuestas de la OIT. 2. ed. Quito, 2002.

RUBINI, Héctor. *Evaluación del plan de convertibilidad de la República Argentina, 1991-2002*. Trabalho apresentando na Facultad Latinoamericana de Ciencias Sociales, Quito, fev. 2003.

STIGLITZ, Joseph. More Instruments and Broader Goals: Moving Towards the Post Washington Consensus. *Wider Annual Lectures*. Helsinque, n. 2, 1998. Disponível em: <www.wider.unu.edu/publications/publications.htm>; acesso em: 2 mar. 2015.

9. A FALÁCIA DO LIVRE COMÉRCIO

DESFAZENDO MITOS

A ideia de que o livre comércio beneficia sempre e a todos é ou simplesmente uma falácia ou uma ingenuidade extrema mais próxima da religião do que da ciência e não resiste a uma profunda análise teórica, empírica ou histórica. Sem dúvida, uma adequada especialização e um comércio entre países com níveis similares de desenvolvimento podem ser de grande benefício mútuo, mas uma liberalização comercial ilimitada entre economias com grandes diferenças de produtividade e competitividade significa graves riscos para os países de menor desenvolvimento relativo, dada a provável destruição de sua base produtiva e, com isso, a perda de postos de trabalho sem capacidade de criar novos empregos, conjunto que constitui uma verdadeira catástrofe social.

O resultado mais provável de uma abertura irracional é a "especialização" das economias menos desenvolvidas em bens baseados em recursos naturais – os únicos com "vantagens comparativas" – e, como consequência, a reprimarização dessas economias e seu retorno aos modelos agroexportadores mencionados no Capítulo 1 e tão propagandeados há mais de cinquenta anos por sequelas de baixo desenvolvimento das forças produtivas e maior concentração da renda, dependência externa e exposição ao intercâmbio desigual. Para o caso da América Latina, no começo da primeira década do século XXI já havia evidência de que a abertura havia produzido a desindustrialização da região e mais dificuldade para gerar emprego manufatureiro[1]. Da mesma forma, a taxa de

---

[1] Cepal, *Globalización y desarrollo* (Santiago do Chile, Comisión Económica para América Latina y el Caribe, 2002).

desemprego aberto urbano tendeu a aumentar em um amplo grupo de países da região[2]. Como observa Stiglitz, "o fato de que muito frequentemente a liberalização comercial fracassa em cumprir o que promete e simplesmente gera mais desemprego é porque ela provoca forte oposição"[3]. Quanto às mudanças qualitativas do emprego locais, a Cepal observa que "as consequências das mudanças no emprego, comuns à grande maioria dos países da região, foram a alta e crescente insegurança e a instabilidade laboral, produto do elevado desemprego e da mobilidade entre ocupações; a progressiva desigualdade, como resultado da evolução das retribuições entre setores, estratos de produtividade e níveis de qualificação; e a exclusão, atribuída à insuficiência de empregos de qualidade, à baixa cobertura dos sistemas de proteção social e à crescente precarização laboral"[4].

Enquanto alguns colocam a discussão em termos ideológicos, ao justificar uma abertura indiscriminada em função de estreitíssimos conceitos de liberdade e uma suposta supremacia dos consumidores, é provável que a única coisa que conseguiriam no longo prazo seria condenar tanto os consumidores como os produtores nacionais à supremacia dos produtos estrangeiros. Ainda que, em teoria, com esse esquema, os consumidores se beneficiem no curto prazo, no futuro, tanto consumidores quanto produtores nacionais se prejudicam, dado que, sem produção nacional, tampouco há consumo. Poucas pessoas negam esses perigos, mas, lamentavelmente, muitos, em um raciocínio econômico *sui generis*, manifestam que é preciso ver as "oportunidades", não os problemas. Na tomada de decisões com risco, tudo é questão de probabilidade, e aferrar-nos à existência de "oportunidades", independentemente das escassas probabilidades, é um absurdo econômico.

A globalização neoliberal

Reconhecendo as poucas oportunidades que existem na América Latina para uma bem-sucedida abertura total de mercados, alguns se resignaram diante do fato de que não existem opções, pois a globalização – e, dentro dela, a abertura econômica e a integração dos mercados – é supostamente irreversível. Esse argumento é fraco, já que há poucas coisas irreversíveis em economia. De fato, a plataforma política de Pat Buchanan, duas vezes candidato presidencial nos Estados Unidos com o lema *America First*, foi simplesmente fechar a esse país a toda possibilidade de integração internacional, sob o princípio historicamente correto – como

---

[2] Idem, *Panorama social de América Latina, 2000-2001* (Santiago do Chile, 2001).
[3] Joseph Stiglitz, *Globalization and its Discontents* (Nova York, W. W. Norton & Co., 2002).
[4] Cepal, *Globalización y desarrollo*, cit.

demonstraremos adiante – de que "não há nada mais antiamericano do que o livre comércio". A base política de Buchanan era composta por muitos trabalhadores *blue-collar*, isto é, não qualificados, as principais vítimas nesse país – assim como no resto do mundo – da abertura e da globalização. No humilde critério deste autor, a globalização neoliberal durará enquanto houver benefícios para os Estados Unidos.

Assumindo como correta a premissa da irreversibilidade da globalização, a única coisa demonstrada seria a necessidade de que os países subdesenvolvidos, em especial os latino-americanos, integrem-se *inteligentemente* a essa globalização, sem aceitar de forma passiva converter nações em mercado e cidadãos em consumidores, mas buscando uma integração institucional, política e social com adequados critérios de equidade e compensações reais para as economias com menor desenvolvimento relativo, ao estilo do que se fez dentro da União Europeia.

Sem instituições adequadas de governabilidade mundial para a globalização, provavelmente ela significará para os países pobres mais dependência, fazendo que o processo se pareça muito ao capitalismo selvagem dos séculos XVII e XVIII, no qual a classe trabalhadora saía perdendo por falta de garantias laborais mínimas, situação que se encerrou depois de muitos anos de luta e basicamente com a aparição dos Estados nacionais e da correspondente ação coletiva para controlar esses excessos. Na globalização do século XXI, que só busca criar um mercado mundial, e não uma sociedade global, são os países do Terceiro Mundo que perdem por falta dessa ação coletiva em um nível global, competindo entre si e causando, por exemplo, uma precarização sem limites das condições de trabalho.

O fenômeno econômico chamado mercado é indiscutível e irrefutável, mas queremos sociedades nacionais e globais *com* mercado, governando para alcançar os objetivos socialmente desejáveis, e não sociedades *de* mercado, nas quais vidas e pessoas estejam submetidas à enteléquia do mercado.

As precárias bases teóricas do livre comércio

Os benefícios do livre comércio se fundamentam principalmente na conhecida teoria das "vantagens comparativas". Essa poderosa ideia desenvolvida por David Ricardo tem na simplicidade sua maior fortaleza, mas também sua maior debilidade. Suas limitações teóricas são bem conhecidas, e, entre as principais, estão o enfoque estático, o esquecimento das imperfeições do mercado e a ausência de questões de poder.

Quanto à natureza estática da teoria, se em nome das "vantagens comparativas" um país se especializa na produção de bens agrícolas primários baseados em seus recursos naturais e renuncia a produzir bens manufaturados, muito provavelmente jamais terá vantagens comparativas nestes últimos. Mas quem garante que, se persistisse sua tentativa de ser competitivo produzindo bens manufaturados, não teria sucesso no que se conhece como "vantagens comparativas dinâmicas"? É o caso da Coreia do Sul, que nos anos 1960 começou a construir navios, apesar de não ter vantagens comparativas nessa indústria – inclusive sem sequer ter as matérias-primas necessárias –, e hoje é um dos maiores produtores navais do mundo.

Quanto às imperfeições do mercado, a competitividade na produção de bens, sobretudo industriais, depende de fatores estruturais, entre eles o tamanho do mercado nacional e do próprio setor industrial. Se os custos médios da empresa diminuem com o nível de produção – o que se conhece como *economias de escala* –, a competitividade aumenta de acordo com o tamanho do respectivo mercado. Aliás, se não existissem economias de escala, o próprio tamanho do setor industrial, por meio de complementaridades verticais e horizontais, reduziria custos médios gerais, o que se conhece como *externalidades positivas*. Esse é um fator crucial para que um país desenvolvido e de grandes proporções tenha vantagens comparativas sobre um subdesenvolvido. Obviamente, se acontece a especialização em função das "vantagens comparativas", nunca se conseguirá reverter essa situação. Essas ideias não são de forma nenhuma novas e datam pelo menos do século XIX, sob o conceito de *indústria nascente*, princípio que praticamente *todos* os países hoje chamados desenvolvidos aplicaram, como se demonstrará adiante.

Uma verdadeira política de desenvolvimento, em vez do simplismo do livre comércio em função de vantagens comparativas, implica uma política produtiva que promova as indústrias viáveis e que as proteja até conseguir as economias de escala e as externalidades positivas que lhes permitam competir no mercado internacional. Um exemplo exagerado seria se o Japão – terceira maior economia mundial – tivesse seguido o princípio das vantagens comparativas como estratégia de desenvolvimento e não tivesse implementado claras políticas industriais. Provavelmente suas principais exportações ainda seriam, assim como no século XIX... seda e chá!

Por último, se em nome das vantagens comparativas um país como o Equador tivesse se especializado na produção de entradas e sobremesas, feitas com camarões e bananas, e se tornado totalmente dependente de bens industrializados, surgiria uma relação assimétrica entre muitos países oferecendo bens prescindíveis e com uma imensa quantidade de variações, frente a poucos países oferecendo bens fundamentais para manter a produção e o emprego. Essa situação produziria o que Prebisch e Singer chamaram de *intercâmbio desigual*, já mencionado no Capítulo 1, expresso na tendência em longo prazo de deterioração dos chamados *termos de troca*, ou a diminuição dos preços dos bens dos países em vias de desenvolvimento em relação aos preços dos bens industriais. Hoje, para alguns, citar Prebisch é quase um anacronismo. No entanto, depois de ter sido subestimado, a liberação comercial das últimas décadas, em vez de desmenti-lo, dá-lhe razão. Como menciona Stiglitz, após a criação da Organização Mundial do Comércio e da consequente liberalização comercial, os termos de troca se deterioraram ainda mais para os países mais pobres[5]. As matérias-primas – excluindo o petróleo –, em termos de bens manufaturados, custam hoje um terço do que custavam antes de 1920, num processo de deterioração que se agravou nos últimos vinte anos[6]. Se em 1980 quatro quilos de café valiam um canivete suíço, em 2001 eram necessários quase dez quilos e meio para comprar o mesmo canivete. Apesar de persistirem os problemas que fizeram a América Latina desconfiar do comércio internacional e que levaram a implementar a chamada *industrialização substitutiva de importações* (ver Capítulo 1), parece que agora a América Latina tem uma confiança nos mercados internacionais próxima à fé.

Definitivamente, a existência de um mercado internacional funcionando em um vazio de forças e dando os preços corretos a todas as mercadorias continua sendo uma fantasia, e como observa reiteradamente Paul Krugman, Prêmio Nobel de Economia de 2008, está claro que o clássico e idealizado modelo teórico para justificar o livre comércio já não é válido. Na prática, o simplismo das vantagens comparativas como estratégia de desenvolvimento para os países mais pobres significa a negação da maioria daquilo que conhecemos como desenvolvimento econômico.

Consequências da abertura das últimas décadas

A redenção da Teoria das Vantagens Comparativas, que estava esquecida desde o pós-guerra, foi supostamente empírica, dada a superioridade em relação ao desempenho econômico de países com orientação "para fora".

Na realidade, como é comum ocorrer em ciências sociais, as "provas" apresentadas podem ser mais bem qualificadas de propaganda do que de ciência. Em

---

[5] Joseph Stiglitz, *Globalization and its Discontents*, cit.
[6] Cepal, *Globalización y desarrollo*, cit.

1981, Balassa apontava que "a evidência é bastante conclusiva: países aplicando uma estratégia de desenvolvimento para o mercado internacional tiveram um desempenho melhor em termos de exportações, crescimento econômico e emprego"[7]. Logo se observou a ambiguidade na causalidade[8]. Em outras palavras, não estão claras coisas simples como o fato de que se exporta mais porque se tem maior abertura ou se tem maior abertura porque se exporta mais. Em economia, não é raro ouvirmos que chove porque se vendem guarda-chuvas, se isso coincidir com a ideologia do "investigador".

Com os mesmos argumentos de Balassa, o Relatório de Desenvolvimento Mundial de 1987 do Banco Mundial apoiou agressivamente um desenvolvimento voltado ao mercado internacional. Pouco depois, demonstrou-se que a evidência para essa forte conclusão estava distorcida pelo peso de um único país, a Coreia do Sul, que dificilmente cabia na definição do próprio Banco Mundial de "nação fortemente orientada para o mercado internacional"[9].

O Relatório Anual de 1997 do Banco Interamericano de Desenvolvimento "estimou" que o impacto das reformas estruturais na América Latina, entre elas a abertura comercial, contribuíam de forma *permanente* em 1,9% ao crescimento do PIB *per capita* da região. Essas conclusões se basearam em estudos de Eduardo Lora[10]. Depois, o próprio BID e Lora tiveram de reconhecer que o positivo efeito das reformas sobre o crescimento, se existisse, era no máximo um "efeito temporário"[11], eufemismo que significava que as "descobertas" anteriores tinham sido um engano. Utilizando modernas técnicas estatísticas e corrigindo muito dos erros do "informe" do BID de 1997, não se encontra nenhuma relação robusta entre reformas estruturais – incluindo a abertura comercial – e crescimento[12].

Em um amplo estudo com cobertura mundial por parte de autores do *mainstream* econômico, "concluiu-se" que a abertura comercial produz mais crescimento

---

[7] Citado por Robert Wade, *Governing the Market* (New Jersey, Princeton University Press, 1991).
[8] Woo S. Jung e Peyton J. Marshall, "Exports, Growth and Causality in Developing Countries", *Journal of Development Economics*, n. 18, 1985, p. 1-12.
[9] Robert Wade, *Governing the Market*, cit.
[10] Eduardo Lora, *Una década de reformas estructurales en América Latina: qué se ha reformado y como medirlo*, Washington, DC, Banco Interamericano de Desarrollo, documento de trabalho n. 348, 1997.
[11] Eduardo Lora e Ugo Panizza, *Structural Reforms in Latin America under Scrutiny*, tese apresentada para o seminário Reforming Reforms (Fortaleza, 2002).
[12] Rafael Correa, "Reformas estructurales y crecimiento económico en América Latina: un análisis de sensibilidad", *Revista de la Cepal*, n. 76, 2002, p. 89-107.

e redução da pobreza nos países pobres[13]. O Banco Mundial também "determinou" que a globalização estava reduzindo a pobreza entre as diferentes nações e no interior delas, devido ao positivo efeito da abertura sobre o crescimento[14]. Todos esses estudos foram duramente criticados em suas metodologias e conclusões, numa negação da suposta relação entre abertura e crescimento[15].

O Relatório Anual de 1997 do BID também afirmava que "a reforma comercial conduz a uma redistribuição da renda favorável aos grupos de menor renda, já que diminui o preço dos bens de consumo popular e reduz os benefícios que os produtores nacionais obtêm do protecionismo". No entanto, estudos da Cepal demonstram que a desigualdade entre nações e dentro dos países *aumentou*. Se em 1973 a relação percentual entre o PIB *per capita* da América Latina e os países mais desenvolvidos era de 28%, em 1998, depois de acelerado processo de abertura, foi para 22,2%, enquanto em 83% da população da América Latina a desigualdade havia aumentado[16].

Branko Milanovic[17], pesquisador do Banco Mundial em assuntos de pobreza, concluiu que a abertura comercial incrementa a desigualdade em países pobres, apesar de o próprio Banco Mundial por décadas ter defendido o contrário. O estudo se baseou em pesquisas nacionais de renda de residências em 88 países em desenvolvimento e demonstra que o processo de abertura incrementa a desigualdade em nações com uma renda *per capita* menor que 5 mil dólares ajustados para paridade de compra, o que engloba quase toda a América Latina. O estudo afirma que só os ricos se beneficiam da abertura ocorrida nos países pobres, prejudicando, assim, os mais pobres entre os pobres.

A verdade é que os testemunhos dos pobres e dos desempregados da América Latina, assim como a história das pequenas e médias empresas locais, pouparam

---

[13] David Dollar e Aart Kraay, *Trade, Growth and Poverty*, Washington, DC, Banco Mundial, documento de trabalho n. 2.651, 2001.

[14] Banco Mundial, *Globalization, Growth and Poverty: Building and Inclusive World* (Washington, DC, 2001).

[15] Dani Rodrik, *Comments on "Trade, Growth and Poverty", by D. Dollar and A. Kraay* (Harvard University, out. 2000). Disponível em: <https://www.sss.ias.edu/files/pdfs/Rodrik/Research/trade-growth-poverty.PDF>; acesso em: 21 jul. 2015; idem, *Globalization, Groth, and Poverty: Is the World Bank Beginning to Get it?* (6 dez. 2001). Disponível em: <https://www.sss.ias.edu/files/pdfs/Rodrik/Commentary/globalization-growth-poverty.pdf>; acesso em: 21 jul. 2015.

[16] Cepal, *Globalización y desarrollo*, cit.

[17] Branko Milanovic, *Can We Discern the Effect of Globalization on Income Distribution? Evidence from Household Budget Surveys*, Washington, DC, Banco Mundial, documento de trabalho n. 2.876, ago. 2002.

bastante trabalho ao bom senhor Branko. Na realidade, os supostos impactos positivos da abertura comercial para o crescimento, a pobreza e a distribuição são novamente apenas uma questão de fé.

O LIVRE COMÉRCIO NA HISTÓRIA

Em seu extraordinário livro *Kicking Always the Ladder*[18], Ha-Joon Chang, pesquisador coreano da Universidade de Cambridge, demonstra como praticamente todos os países desenvolvidos fizeram exatamente o contrário do que hoje defendem. Em relação ao livre comércio, estabeleceu-se que, muito ao contrário do que agora se manifesta, "a promoção da indústria nascente foi a chave do desenvolvimento da maioria das nações, as exceções foram pequenos países na fronteira tecnológica mundial, ou muito perto dela, como os Países Baixos e a Suíça".

Esse autor demonstra que o protecionismo industrial começa pela própria Inglaterra, onde Robert Walpole, primeiro-ministro da Grã Bretanha, ao apresentar a legislação para promover a manufatura nacional, já em 1721 observava que "é evidente que nada contribui tanto para promover o bem-estar como a exportação de bens manufaturados e a importação de matérias-primas". Da mesma maneira, Chang demonstra que essas políticas e os princípios que as sustentavam foram similares às políticas e aos princípios utilizados por países como o Japão, a Coreia e Taiwan durante o pós-guerra.

Chang sustenta, ainda, que as políticas protecionistas da Inglaterra continuaram até a Revolução Industrial já estar em um momento avançado. Somente quando sua supremacia tecnológica foi evidente, adveio a grande mudança para o "livre comércio", quando, em 1846, a Corn Law foi rejeitada e as tarifas em muitos bens manufatureiros foram abolidas. Por isso, manifesta Chang, muitos historiadores consideram esse período um tempo de "livre comércio imperialista". Friedrich List, economista alemão falecido em 1846, observou que, assim como hoje, políticos e economistas britânicos predicavam as virtudes do livre comércio com fins nacionalistas, mesmo quando o discurso se realizava em nome de supostas "doutrinas cosmopolitas"[19]. Segundo Chang, "a era do livre comércio terminou quando a Grã-Bretanha reconheceu que havia perdido

---

[18] Ha-Joon Chang, *Kicking Away the Ladder: Development Strategy in Historical Perspective* (Londres, Anthem, 2002).

[19] Friedrich List, *The National System of Political Economy* (traduzido da edição original em alemão de 1841 por Sampson S. Lloyd, Londres, Longmans, Green, and Co., 1885). Disponível em: <www.ecn.bris.ac.uk/het/list/national.htm>; acesso em: 3 mar. 2015.

sua preeminência manufatureira e, em 1932, reintroduziu tarifas alfandegárias em grande escala".

Enquanto isso, os Estados Unidos resistiram aos cantos de sereia orquestrados pela Inglaterra e entenderam que necessitavam de um "sistema americano" em oposição ao "sistema britânico" de livre comércio. Explicitamente, manifestou-se que o livre comércio era parte do sistema imperialista britânico e que designava aos Estados Unidos o papel de exportador de produtos primários. Chang demonstra, em uma interessante revisão histórica, que foi Alexander Hamilton – e não Friedrich List, como normalmente se pensa – que, em 1791, na qualidade de secretário do Tesouro dos Estados Unidos, apresentou pela primeira vez de forma sistemática o argumento da "indústria nascente" para justificar o protecionismo industrial desse país. Chang sustenta que os Estados Unidos "permaneceram como o mais ardente praticante da indústria nascente até a Primeira Guerra Mundial, e até mesmo até a Segunda Guerra Mundial, com a notável exceção da Rússia no começo do século XX". Segundo cálculos de Bairoch, a média de tarifas alfandegárias em bens manufaturados nos Estados Unidos foi de 35% a 45% em 1820; de 40% e 50% em 1875; de 44% em 1913; de 37% em 1925; 48% em 1931; e de 14% em 1950. Assim, Bairoch chama os Estados Unidos de "a mãe e bastião do protecionismo moderno"[20]. Ainda de acordo com Chang, só quando sua supremacia industrial ficou clara depois da Segunda Guerra Mundial, os Estados Unidos, da mesma forma que a Inglaterra no século XIX, passaram a promover o livre comércio, apesar de terem adquirido tal hegemonia por meio de um intenso e nacionalista protecionismo industrial.

Utilizando ampla documentação e dados, Chang expõe histórias similares para a Alemanha, a França, a Suécia e a Bélgica e conclui que, em sua amostra de nações, as únicas que não utilizaram protecionismo para alcançar seu desenvolvimento foram os Países Baixos e a Suíça, por serem pequenas, com benefícios de políticas industriais mais reduzidos e, *sobretudo*, porque se mantiveram em diferentes períodos na fronteira tecnológica.

Para o caso dos "milagres de desenvolvimento", como Japão e os países recém-industrializados do Leste Asiático, Chang conclui que – com exceção de Hong Kong – todos utilizaram protecionismo industrial e ressalta a similaridade entre as políticas utilizadas por eles e as aplicadas pelos países europeus e pelos Estados Unidos para alcançar o desenvolvimento. Conclui-se, assim, que na história do

---

[20] Paul Bairoch, *Economics and World History: Myths and Paradoxes* (Brighton, Wheatsheaf, 1993).

desenvolvimento há poucas coisas mais estranhas e anti-históricas do que o simplismo do livre comércio.

A DUPLA MORAL DOS PAÍSES DESENVOLVIDOS

O entusiasmo dos países avançados pelo *laissez faire* é perfeitamente compreensível. Como demonstra Chang em seu estudo, uma regularidade histórica fundamental é que os países que chegaram à fronteira tecnológica e, em consequência, tornam-se imbatíveis em relação à competitividade ganham com o livre comércio e por isso tendem a impulsioná-lo, tudo isso, obviamente, em nome de "doutrinas cosmopolitas", apesar de terem utilizado um forte protecionismo para chegar a essa situação estelar. Por isso, Joseph Stiglitz, norte-americano e Prêmio Nobel de Economia em 2001, afirmou: "Façam o que fizemos, não o que pregamos"[21], dado que, como manifestou List há mais de um século, "qualquer nação que por meio de tarifas alfandegárias e restrições sobre a navegação elevou seu poder industrial e de navegação a tal nível de desenvolvimento que nenhuma outra pode competir com ela, não tem nada mais sábio a fazer do que retirar a escada de sua grandeza, predicar às outras nações os benefícios do livre comércio, declarar em tom arrependido que até aquele momento vagou nos caminhos do erro e dizer que pela primeira vez conseguiu descobrir a verdade"[22]. Como exemplos modernos dessa situação, referindo-se à Alca, James Petras manifesta que "a conclusão é clara: o apoio dos Estados Unidos à Alca se deve aos benefícios exorbitantes obtidos com as políticas de livre mercado e a crença de que o acordo consolidará o marco necessário para a continuidade dos lucros"[23].

Se é compreensível o entusiasmo dos países desenvolvidos pelo livre comércio, em especial dos Estados Unidos, como entender o entusiasmo do *establishment* latino-americano por ele? Podemos elaborar pelo menos três hipóteses a esse respeito, sem que elas sejam mutuamente excludentes. Os fundamentalistas, para os quais o livre mercado é o fim em si mesmo, e não o meio para alcançar o desenvolvimento; o voluntarismo incompetente de nossas elites e tecnocracias nacionais, incapazes de uma posição crítica diante do bombardeio ideológico das políticas do Consenso de Washington; e, por fim, como sempre, a existência de poucos, mas poderosos, ganhadores à custa de muitos perdedores do livre comércio.

---

[21] Joseph Stiglitz, *Globalization and its Discontents*, cit.
[22] Friedrich List, *The National System of Political Economy*, cit.
[23] James Petras, *El Alca visto desde los Estados Unidos* (trad. Manuel Talens, out. 2002). Disponível em: <www.rebelion.org>; acesso em: 3 mar. 2015.

Todas essas hipóteses têm em comum a incapacidade ou a falta de vontade de construir verdadeiros projetos nacionais em função do desenvolvimento dos países, tal como os Estados Unidos fizeram diante da arremetida livre-cambista da Inglaterra. Ulysses Grant, presidente norte-americano entre 1868 e 1876, que, além disso, resultou profeta, respondendo às pretensões livre-cambistas da Inglaterra, manifestou que "dentro de duzentos anos, quando a América tiver obtido do protecionismo tudo o que ele possa oferecer, ela também adotará o livre comércio"[24].

Com a impensada adoção do livre comércio, ou, mais exatamente, da "abertura tonta", como observamos no capítulo 3, desnudava-se talvez a mais grave crise da América Latina: a crise de líderes e de verdadeiros estadistas. Quem dera nos tempos de "livre comércio" fosse possível importar isso, assim ficaria claro que devemos fazer agora o que os países desenvolvidos fizeram quando se encontravam em *nosso* nível de desenvolvimento, e não o que fazem hoje, na situação de campeões mundiais em tecnologia e competividade. Será que algum dia as elites latino-americanas, com seu insuportável esnobismo, vão entender isso?

Referências bibliográficas

BAIROCH, Paul. *Economics and World History: Myths and Paradoxes*. Brighton, Wheatsheaf, 1993.

BANCO INTERAMERICANO DE DESENVOLVIMENTO. *Latin America after a Decade of Reforms. Economics and Social Progress in Latin America*. Washington, DC, 1997.

BANCO MUNDIAL. *Informe sobre el desarrollo mundial*. Washington, DC, Oxford University Press, 1987.

_____. *Globalization, Growth and Poverty*: Building and Inclusive World. Washington, DC, 2001.

CEPAL. *Panorama social de América Latina, 2000-2001*. Santiago do Chile, 2001.

_____. *Globalización y desarrollo*. Santiago do Chile, 2002.

CHANG, Ha-Joon. *Kicking Away the Ladder*: Development Strategy in Historical Perspective. Londres, Anthem Press, 2002.

CORREA, Rafael. Reformas estructurales y crecimiento económico en América Latina: un análisis de sensibilidad. *Revista de la Cepal*, n. 76, 2002, p. 89-107.

DOLLAR, David; KRAAY, Aart. *Trade, Growth and Poverty*. Washington, DC, Banco Mundial, 2001. Documento de trabalho n. 2.651.

---

[24] Citado em Andre Gunder Frank, *Capitalism and Underdevelopment in Latin America* (Nova York, Monthly Review Press, 1967), p. 164.

FRANK, Aandre Gunder. *Capitalism and Underdevelopment in Latin America*. Nova York, Monthly Review Press, 1967.

JUNG, Woo S.; MARSHALL, Peyton J. Exports, Growth and Causality in Developing Countries. *Journal of Development Economics*, v. 18, 1985, p. 1-12.

LIST, Friedrich. *The National System of Political Economy*. Traduzido da edição original em alemão de 1841 por Sampson S. Lloyd. Londres, Longmans, Green, and Co., 1885. Disponível em: <www.ecn.bris.ac.uk/het/list/national.htm>; acesso em: 3 mar. 2015.

LORA, Eduardo. *Una década de reformas estructurales en América Latina*: qué se ha reformado y como medirlo. Washington, DC, Banco Interamericano de Desarrollo, 1997. Documento de trabalho n. 348.

_____; PANIZZA, Ugo. *Structural Reforms in Latin America under Scrutiny*. Tese apresentada para o seminário Reforming Reforms, Fortaleza, 2002.

MILANOVIC, Branko. Can We Discern the Effect of Globalization on Income Distribution? Evidence from Household Budget Surveys. Washington, DC, Banco Mundial, ago. 2002. Documento de trabalho n. 2876.

PETRAS, James. *El Alca visto desde los Estados Unidos*. Trad. Manuel Talens, out. 2002. Disponível em: <www.rebelion.org>; acesso em: 3 mar. 2015.

RODRIK, Dani. *Comments on Trade, Growth and Poverty, by D. Dollar and A. Kraay*. Harvard University, out. 2000. Disponível em: <https://www.sss.ias.edu/files/pdfs/Rodrik/Research/trade-growth-poverty.PDF>; acesso em: 21 jul. 2015.

_____. *Globalization, Growth and Poverty*: Is the World Bank Beginning to Get it?. 6 dez. 2001. Disponível em: <https://www.sss.ias.edu/files/pdfs/Rodrik/Commentary/globalization-growth-poverty.pdf>; acesso em: 21 jul. 2015.

STIGLITZ, Joseph. *Globalization and its Discontents*. Nova York: W. W. Norton & Co., 2002.

WADE, Robert. *Governing the Market*. New Jersey, Princeton University Press, 1991.

10. COMO UMA IDEOLOGIA SE DISFARÇOU DE CIÊNCIA

A IDEOLOGIA NEOLIBERAL

No âmbito ideológico, o projeto neoliberal se fundamenta na busca do indivíduo por seus próprios interesses e sua satisfação pessoal; tal comportamento, em um sistema institucionalizado chamado "mercado livre", tem como resultado o maior bem-estar social. A realização do ser humano não passa, então, pela relação com outro indivíduo, mas pode ser alcançada de "maneira solitária". A suposta "mão invisível" do mercado faria o resto. Como por magia, foi assim que um execrável defeito humano, o egoísmo, elevou-se da noite para o dia a máxima virtude individual e social. O evangelho do neoliberalismo simplesmente nos dizia: "Busquem o fim do lucro e o resto lhes chegará automaticamente".

Diante dessa barbaridade, defendida com tanto entusiasmo nos últimos tempos, citemos a maior mente do século XX, Albert Einstein: "O indivíduo pode pensar, sentir, esforçar-se, trabalhar por si mesmo, mas ele depende tanto da sociedade – em sua existência física, mental, emocional – que é impossível concebê-lo, ou entendê-lo, fora do marco da sociedade"[1]. Além disso, Einstein muito premonitoriamente afirmava que "a essência da crise de nosso tempo se refere à relação do indivíduo com a sociedade [...]. Sua posição na sociedade é tal que suas pulsões egoístas se acentuam constantemente, enquanto suas pulsões sociais, que são por natureza mais precárias, deterioram-se progressivamente"[2].

Isto é o que o neoliberalismo de fato acarreta: exacerba as pulsões egoístas e elimina as pulsões sociais, fundamentais para o bem viver de todos, e essa é

---

[1] Albert Einstein, "Por que socialismo?", *Monthly Review*, Nova York, maio 1949.
[2] Idem.

a ideia-chave para entender qual é o guia de uma construção nova para a América Latina.

O neoliberalismo e a exacerbação dos vícios metodológicos e éticos na economia

Gunnar Myrdal, depois de receber o Nobel de Economia em 1974, manifestou que o prêmio era inapropriado para uma área tão pouco científica como a economia. Myrdal não só atacou o suposto rigor científico da citada ciência, como também sua solvência ética. Sem negar a abstração e a seleção necessárias em todo processo teórico, criticava a deliberada e reiterada inclusão de fatores irrelevantes – ignorância oportunista – e a omissão de fatores relevantes – isolamento ilegítimo – na construção dos modelos econômicos. Myrdal chamou de objetividade espúria a suposta análise científica da economia, que na realidade esconde visões particulares do mundo, avaliações políticas e interesses próprios. Por isso, não é de estranhar que tenha atacado duramente a tecnocracia economicista, acusando-a de isolar as relações econômicas de seu contexto social, ignorando variáveis sociais e políticas e, portanto, servindo a interesses vigentes. Em um sistema social interdependente, não há problemas econômicos, problemas psicológicos, problemas antropológicos ou problemas sociais, há simplesmente problemas, ele costumava dizer.

Hoje, ainda observamos esses vícios metodológicos da economia. Nada mais oportunista que censurar as burocracias e os governos nacionais, que, de acordo com a "nova" economia política influenciada pelo enfoque neoliberal, possuem sua própria agenda e não têm os incentivos adequados para servir a sociedade. Bruton dizia que "o governo precisa ser visto como tendo sua própria agenda, buscando seu próprio bem-estar e incapaz e sem vontade de tomar decisões desinteressadas e informadas em questões econômicas"[3]. Porém, em contradição com seus próprios postulados, legitima-se a ação de burocracias e instituições supranacionais, como o FMI e o Banco Mundial, com ainda menos incentivos para os respectivos países.

Por outro lado, aquilo que nos chega dessas instituições como *a* teoria econômica é, no máximo, a opinião dominante, que, como se pôde observar ao longo deste livro, responde a visões, interesses, percepções e experiências de grupos e

---

[3] Henry Bruton, "A Reconsideration of Import Substitution", *Journal of Economics Literature*, v. 36, jun. 1998, p. 603-936.

de países hegemônicos e é completamente distanciada da pretensa objetividade científica da economia. Um exemplo claro são as reformas estruturais implementadas na América Latina nas últimas décadas, que simplesmente reproduziram as instituições e as políticas *atuais* de certos países desenvolvidos, sem considerar as instituições e as políticas com as quais eles *chegaram* ao desenvolvimento. Apesar da esmagadora evidência de que as reformas estruturais estancaram a região quanto à produção e ao emprego e exacerbaram os problemas de distribuição, acentuando a condição da América Latina como a região mais desigual do mundo, insiste-se nessas receitas, justificando seu fracasso nas realidades ruins, não nas teorias ruins, em um caso impressionante de "isolamento ilegítimo".

O "POSITIVISMO" DO MERCADO

A arrogância da burocracia internacional e de muitos acadêmicos os levou a apresentar a economia como uma ciência positiva, com uma teoria supostamente geral, que seria igualmente válida para a Argentina ou para a Indonésia. Essa suposta teoria foi, sem dúvida, a teoria do mercado, com certas críticas imanentes ainda não transcendentes ou críticas de dentro do paradigma, e não ao paradigma em si mesmo.

A famosa "mão invisível" de Adam Smith, a suposição de que sob certas condições o equilíbrio do mercado é socialmente ótimo, é o centro do pensamento econômico dominante. Como James Tobin manifestava, "a proposição de que a alquimia da competição de mercado transmuta a escória do egoísmo pessoal no valor do bem-estar social é ainda uma mensagem poderosa nos salões de classe e no debate político"[4].

Aqui, novamente se manifestam vícios como "isolamento ilegítimo". Só em um mundo idealizado de informação perfeita, ausência de poder e bens privados – bens com rivalidade no consumo e capacidade de exclusão –, o mercado logra a maximização do bem-estar social, ou a famosa "mão invisível" de Adam Smith. Deixando de lado esses pressupostos extremos e indispensáveis, nós, os economistas, ficamos apenas com o presumido – e talvez desejado – resultado final. Enquanto a razão de ser das ciências exatas, como a física, é reconhecer que o mundo real não é um vazio livre de forças, nós, os economistas, nos empenhamos em convencer e convencer-nos de que o mundo funciona em um vazio social e

---

[4] James Tobin, "Uno o dos brindis a la salud de la mano invisible", *Nueva Economía*, Cambio XXI Fundación Mexicana, ano 1, nov. 1992-jan. 1993, p. 35.

econômico. Parafraseando John Kenneth Galbraith, a doutrina econômica nublou a capacidade de entendimento dos economistas.

A ideologia do livre mercado, com sua pseudopositividade, tem em si mesma várias exterioridades sociais que vão contra a própria razão de ser da ciência econômica. Como sustentava Tobin, "provê racionalidade ao egoísmo individualista, garantindo aos que o exercem, acima de tudo, acumular riqueza material e que se sintam nobres patriotas ao promover a riqueza das nações, ao estilo de Adam Smith"[5]. A consequência dessa legitimação do egoísmo individualista talvez seja o mais grave legado do neoliberalismo na América Latina, onde falar de responsabilidade e consciência social se tornou praticamente um anacronismo, pois o evangelho do mercado garantia que, ao buscar nosso lucro pessoal, estaríamos cumprindo com nossa função social. Tudo isso levou à perda de valores individuais e de coesão social, sem os quais, independentemente do sistema econômico vigente, nenhum país do mundo se desenvolveu (ver Capítulo 12).

A busca pelo bem-estar social implica encontrar a maneira mais eficiente de satisfazer as necessidades individuais e coletivas e requer o julgamento e a qualificação dessas necessidades. Apesar disso, o pseudopositivismo do pensamento econômico dominante impede de questionar a origem ou a legitimidade das necessidades. Sob a premissa da "supremacia do consumidor", tudo o que se busca é necessário, sem questionar como se geraram essas demandas ou se são carências reais ou simples desejos. Outras ciências sociais, como a sociologia, a psicologia social e a antropologia, teriam muito a dizer sobre a origem de certas necessidades e, propondo mecanismos para controlar a criação de demandas absurdas, talvez cumprissem com mais eficiência o objetivo da economia: o bem-estar humano.

Para justificar o individualismo e a ausência de juízos de valor, a teoria do mercado defende que, se dois agentes racionais com informação adequada realizam um intercâmbio voluntário, ambos ficam melhor do que antes – o famoso *better off* anglo-saxão –, e, com isso, ninguém precisa interferir nesses intercâmbios. Para ilustrar o insustentável desse argumento, apresentamos um exemplo simples. Suponhamos que uma bela jovem se perde no deserto e está a ponto de morrer de sede. De repente, encontra um senhor que lhe propõe prover-lhe de água, contanto que ela durma com ele. Para a jovem, deixar-se abusar é menos mal do que morrer; para o senhor, dormir com ela é muito mais valioso do que a água. De acordo com o fundamentalismo neoliberal, os dois "agentes racionais" realizam a "transação", e ambos ficam *better off*; como foi um intercâmbio

---

[5] Idem.

voluntário com adequada informação, não caberiam juízos de valor nem necessidade de ação coletiva. No entanto, para qualquer pessoa com senso de ética, essa situação seria simplesmente intolerável, e quem abusou da posição de força deveria ser sancionado pela sociedade – é o que precisa e o que acontece em qualquer coletividade civilizada. O problema, então, não é a necessidade de realizar juízos de valor e de ação coletiva, mas o absurdo de pretender positivismo científico em uma simples ideologia.

As limitações dos preços

A teoria do mercado estuda apenas a produção, o intercâmbio e o consumo de mercadorias, os bens suscetíveis de ter um preço monetário. Isso limitou bastante o âmbito da análise econômica. Mais do que isso, como já foi dito, a busca da produção mais eficiente de mercadorias destruiu bens sociais valiosos e indispensáveis para o desenvolvimento. Com toda razão, Facundo Cabral, na música "Pobrecito mi patrón", diz que "mais importante não é o *preço*, mas o valor das coisas".

Mesmo limitando-se ao estudo de mercadorias, em outro caso de "isolamento ilegítimo", esquece-se de que os preços monetários expressam a suposta *intensidade de preferências* por um bem, mas também a *capacidade de pagamento* dos agentes. Para ilustrar o que foi dito, assumamos que um amante da arte adora uma pintura que custa mil dólares, mas tem uma renda mensal de somente quinhentos dólares e, por isso, não pode comprar o quadro. Por outro lado, um ignorante que não sabe se o quadro está de cabeça para baixo ou não, que ganha 10 mil dólares ao mês, o compra imediatamente. Quem se dispôs a pagar pelo quadro era a pessoa que dava mais valor a ele? Não. Mas tinha mais capacidade de compra. De forma similar, pode ser que exista gente que tenha necessidade de leite para os filhos, mas não possua capacidade de compra, enquanto outras pessoas estejam dispostas a pagar muito dinheiro por joias desnecessárias.

Em sociedades com péssima distribuição de renda, como as latino-americanas, as mercadorias mais ridículas podem ter altos preços, não por sua grande utilidade, mas simplesmente porque, para consumidores com renda suficiente, aqueles altos preços são apenas um pequeno sacrifício. Ao destinar supostamente recursos a seus usos mais valiosos – guiados por esses preços –, produzem-se as aberrações que se observam em nossos países, em que os escassos recursos frequentemente são utilizados para gerar bens suntuários, enquanto existem necessidades urgentes insatisfeitas. Em poucas palavras: mesmo dentro da lógica dominante, um mercado com má distribuição de renda é simplesmente um desastre.

Por fim, quanto à questão do valor e dos preços, é assombroso ver que problemas tão fundamentais como a pobreza mundial podem ser unicamente um assunto da lógica econômica vigente. Por exemplo, as nações que compartilham a bacia amazônica contribuem para o sustento de parte significativa da biodiversidade mundial e para o equilíbrio climático, prestando um serviço indispensável para a sobrevivência de todos, porém, como essas contribuições não são medidas de forma monetária, esses países continuam sendo pobres. Se os países desenvolvidos tivessem que recompensar os da bacia amazônica, mudando a lógica econômica vigente por uma lógica de justiça, teriam de destinar uma quantidade mais que suficiente para eliminar a pobreza destes últimos (ver Capítulo 12).

Lamentavelmente, todas essas noções de compensação, justiça, solidariedade etc., por serem "normativas", não deveriam ser tratadas pela economia, pelo risco de que a taxem de não científica.

Referências bibliográficas

BRUTON, Henry. A Reconsideration of Import Substitution. *Journal of Economics Literature*, v. 36, jun. 1998, p. 603-936.

EINSTEIN, Albert. Por que socialismo?. *Monthly Review*, Nova York, maio 1949.

GALBRAITH, John. *El poder y el economista útil*. Pronunciamento presidencial na 85[a] reunião da Associação Econômica Norte-Americana. México, Fondo de Cultura Econômica, 1972.

TOBIN, James. Uno o dos brindis a la salud de la mano invisible. *Nueva Economía*, Cambio XXI Fundación Mexicana, ano 1, nov. 1992-jan. 1993.

11. A NEFASTA BUROCRACIA INTERNACIONAL E SEUS CORIFEUS

O papel político do FMI e do Banco Mundial

A principal conclusão da Comissão Metzler do Congresso estadunidense, criada em 1998 para sugerir reformas ao FMI e ao Banco Mundial, foi de que essas instituições fossem utilizadas pelo governo dos Estados Unidos para fins de política externa. Allan Metzler, presidente da comissão e professor da Universidade de Carnegie Mellon, testemunhou diante do Senado dizendo que "essa administração [Clinton], mais que as anteriores, usou as instituições financeiras internacionais como rápida fonte de recursos para sustentar a política externa"[1].

Outro dos membros da comissão, o professor Charles Calomiris, da Universidade de Columbia, em declarações à imprensa, citou como exemplo os empréstimos que o FMI outorgou à República do Equador. Calomiris afirma que esses empréstimos são mais bem entendidos como "uma pressão política sobre o governo equatoriano, em um momento em que os Estados Unidos desejam assegurar o uso de bases militares nesse país para controlar o tráfico de drogas"[2].

A ingênua conclusão da Comissão Metzler só se justificava porque a maioria de seus membros era acadêmica, já que nos meios políticos em Washington desde muito tempo se tinha claro que as instituições financeiras internacionais eram pouco mais que uma divisão do departamento de Estado. À comissão teria bastado ler as declarações de Robert Reich, ex-secretário da administração Clinton, que

---

[1] Allan Metzler, "Report of the International Financial Institutions Advisory Commission", *US Congressional Report*, mar. 2000.
[2] Charles Calomiris, "When Will Economics Guide IMF and World Bank Reforms?", *Cato Journal*, v. 20, n. 1, 2000.

declarou publicamente em 1999 que, "na atualidade, a política externa estadunidense é executada pelo Fundo Monetário Internacional, com algumas diretrizes do Departamento do Tesouro... Nisso também o Congresso se tornou irrelevante"[3].

Paradoxalmente, o mal-estar da Comissão Metzler não foi a desnaturalização dessas instituições internacionais, mas o fato de que, por essa via, a administração tomava decisões financeiras que de outra forma requeriam a aprovação do Congresso e que tinham benefício duvidoso para o povo estadunidense. Para a comissão, o problema não era a indevida utilização de organismos multilaterais para fins unilaterais, mas o fato de que isso permitia à administração estadunidense evadir controles constitucionais.

Mesmo com muitos exemplos pontuais, o maior papel político desempenhado pelo FMI e pelo Banco Mundial foi, acima de tudo, a imposição do paradigma neoliberal nos países do Terceiro Mundo. O Consenso de Washington, que predicava a neutralidade das políticas econômicas sob a premissa de que um mercado socialmente eficiente e justo surgiria de forma espontânea, foi elevado, por esses organismos, de simples ideologia ao nível de teoria geral.

Como manifesta o professor Lance Taylor, do The New School for Social Research, o neoliberalismo foi imposto pelo FMI e pelo Banco Mundial respondendo aos interesses das companhias transnacionais e dos centros financeiros de países que investem nesses organismos internacionais. Taylor chama as investigações do Banco Mundial a favor do paradigma neoliberal de "multimilionária operação de *marketing* ideológico"[4]. A esmagadora evidência histórica é que nenhum país do mundo se desenvolveu sem políticas nacionais explícitas ou implícitas. Em palavras do historiador norte-americano Arthur Schlesinger, "predicando a ortodoxia fiscal às nações em desenvolvimento, estamos na posição da prostituta que, tendo se aposentado com lucros, considera que a virtude pública requer o fechamento do bairro da tolerância"[5].

Mesmo que na América Latina a "descoberta" do papel político das instituições financeiras internacionais não devesse surpreender ninguém, nos últimos anos houve um fenômeno relativamente novo: a legitimação da ingerência dessas instituições na política nacional. Nas democracias latino-americanas, eram poucos

---

[3] Robert Reich, "Trial Ties up Senate? Don't Worry, Congress is Irrelevant", *USA Today Newspaper*, 9 jan. 1999, p. 15A.
[4] Lance Taylor, "The Revival of the Liberal Creed: the IMF and the World Bank in a Globalized Economy", *World Development*, v. 25, n. 2, 1997, p. 145-52.
[5] Arthur Schlesinger (1965), citado em Duncan Green, *Silent Revolution. The Rise of Market Economics in Latin America* (Londres, Cassell, 1995).

os que se assustavam em ver ministros e presidentes confiar decisões supostamente nacionais à aprovação desses organismos. Mais que isso, é claro que essa ingerência não foi somente imposta, mas, em muitos casos, também entusiasticamente buscada. Isso, como se comentou no Capítulo 3, desgastou severamente a soberania e a representatividade do sistema democrático, sendo essa deslegitimação da democracia uma das principais fontes de ingovernabilidade dos países da região, algo incompreensível para essas burocracias internacionais e para os economistas ortodoxos. Para eles, os problemas de governabilidade na América Latina obedecem a norma de que não "aprendemos" a viver em democracia.

A conclusão da Comissão Mezler contrastava com a preocupação que muitos líderes latino-americanos submetiam políticas, valores e inclusive soberanias nacionais à tutela de instituições com um papel político estranho aos interesses dos países menos desenvolvidos.

A AMORALIDADE E A CORRUPÇÃO DA BUROCRACIA INTERNACIONAL

De acordo com John Perkins, economista, autor e ativista estadunidense, essas burocracias internacionais, junto a companhias transnacionais, com o desejo de submeter países ou fazer grandes negócios, também atuam através dos chamados "sicários econômicos". Em palavras de Perkins, "Sicários econômicos são profissionais muito bem pagos que enganam países ao redor do globo por trilhões de dólares. Eles canalizam o dinheiro a partir do Banco Mundial, da Agência Estadunidense para o Desenvolvimento Internacional (Usaid) e de outras organizações internacionais que 'ajudam' os cofres de grandes corporações... Eu devo saber; eu fui um sicário econômico"[6].

Essas ações não devem causar muito remorso, dado que em geral esses burocratas internacionais nos consideram inferiores. Em dezembro de 1991, Lawrence Summers, então chefe economista do Banco Mundial, propôs em um memorando interno que o banco *impulsionasse uma maior migração de empresas contaminadoras para o Terceiro Mundo*, com os argumentos "técnicos" de que as receitas perdidas por problemas de saúde são obviamente mais baixas nos países com menores salários; que os países pobres estão subcontaminados e, como consequência, os incrementos iniciais de contaminação terão no começo custos muito baixos; e, finalmente, que as preocupações pelos problemas

---

[6] John Perkins, "Prefácio", em *Confessions of an Economic Hit Man* (San Francisco, Berett-Kohler, 2004).

de saúde causados por contaminação, como o câncer de próstata, serão muito mais altas nos países em que as pessoas sobrevivem para ter câncer de próstata, do que naqueles em que duzentas de cada mil pessoas morrem antes dos cinco anos de idade[7].

Brilhante, certo? Mas vale lembrar que esse pobre homem logo em seguida foi subsecretário e secretário do Tesouro no governo de Clinton e, depois, presidente da Universidade de Harvard. Além disso, em 1993, recebeu a medalha John Bates Clark, outorgada anualmente ao mais *destacado* economista estadunidense com menos de quarenta anos e que em geral é o preâmbulo para o Prêmio Nobel de Economia. Deus nos livre!

Essas "análises" pseudocientíficas, que disfarçam uma amoralidade impressionante, refletem bem as limitações da teoria do mercado, assim como os vícios da ideologia neoliberal. O primeiro deles, de reduzir todas as dimensões da vida social a um simples balanço de perdas e ganhos, e o segundo, de esquecer algo fundamental para que um intercâmbio seja considerado justo: as questões de poder. Dada a assimetria de poder, o que Summers propõe é simplesmente exploração (ver Capítulo 10).

Citemos a preocupação final em seu famoso memorando: "O problema com os argumentos contra todas essas propostas para mais poluição nos países desenvolvidos (direitos intrínsecos a certos bens, razões morais, preocupações sociais, falta de adequados mercados etc.) é que poderiam ser utilizados mais ou menos eficazmente para qualquer proposta de liberalização do Banco"[8]. À confissão de parte, dispensam-se provas.

Projetos internacionais: outro sangramento de nossos países

Permitam-me contar minha experiência com a burocracia internacional. Depois de acabar meus estudos na Bélgica, no começo de 1992, voltei cheio de entusiasmo a meu país e logo encontrei trabalho nos projetos para o desenvolvimento da educação financiados pelo Banco Interamericano de Desenvolvimento (Projetos MEC-BID). Apesar de financiados com *empréstimos* do BID – de dívida externa e, portanto, dinheiro do Equador –, disseram-nos que quem nos contratava era esse organismo internacional. O "especialista setorial" do BID era

---

[7] Lawrence Summers, "Memorando interno do Banco Mundial, dezembro de 1991", *The Economist*, 8 fev. 1992, p. 66.
[8] Idem.

quem mandava nos projetos, como se fossem propriedade dele. Não era raro encontrá-lo dando ordens no escritório do diretor-executivo.

Logo percebi a farsa e como se desperdiçam os recursos do Estado. Havia projetos desproporcionais e absurdos, como o chamado Promoção da Educação Básica (Promeceb), que em três anos tinha custado muito mais em "comissão de compromisso" – juro sobre saldos não utilizados, como um "castigo" para que se executem rapidamente os projetos, apesar de que as demoras provinham em geral do próprio Banco – do que o investido. Essa comissão de compromisso, mais a taxa de juros, mais os encargos por comissão e vigilância – todas missões do BID para "vigiar" os projetos eram pagos pelo próprio país –, mais os consultores contratados fornecidos pelo próprio banco, mais os provedores estrangeiros de equipamentos também impostos por esse organismo, mais um longo etc. de abusos, atropelos e ineficiências faziam que os projetos fossem um verdadeiro sangramento para o país.

Os incentivos para a burocracia do banco, assim como para os funcionários nacionais contratados, eram manter os projetos por prejudiciais que fossem. Para os primeiros, isso ajudava a "informar" Washington de todos os créditos que tinham colocado. Para os segundos, era a forma de assegurar um trabalho remunerado em dólares – naquela época, o sucre ainda era a moeda nacional – e, com um pouco de sorte e subserviência, depois conseguir um empreguinho em Washington em uma dessas instituições internacionais, ganhar um salário nada desprezível sem muito esforço, aposentar-se, frequentemente com menos de sessenta anos, e ter tranquilidade econômica até o fim dos dias. Para os funcionários nacionais, havia outros incentivos perversos adicionais, como fazer durar os projetos o maior tempo possível e, assim, conservar seu cargo apesar de o país ter de pagar imensas quantidades pela mencionada comissão de compromisso. Por isso, *nunca* um projeto desses terminava no tempo previsto, e não era raro que levasse o dobro ou o triplo do tempo inicialmente planejado. Cabe ressaltar que, para os projetos do Banco Mundial, a situação era totalmente análoga.

Quando fui diretor administrativo-financeiro dos projetos MEC-BID, afirmei em um seminário que era melhor encerrar alguns dos projetos mais ineficientes, o que implicava também finalizar mais rápido nossos trabalhos. Meus superiores me chamaram a atenção, consideraram-me "imprudente" e fui "rejeitado" pelos burocratas e os consultores que lucravam com esses projetos.

Os contratos de empréstimo entre o BID e o Equador, que continham as condições financeiras, o desenho do projeto, o número de funcionários, os salários de referência, os termos de referência etc., eram *confidenciais*.

Logo descobri contratos como o da consultoria-geral, sem concurso, sem qualificação, sem registro de consultoria – obrigatório de acordo com a lei equatoriana – e, o mais grave de tudo, em total contradição com os termos de referência que exigiam mestrado em educação ou em administração, quando a contratada era... arquiteta! Ela era uma "cota" do especialista setorial do BID, um corrupto total.

Quando me neguei a pagar esse contrato por sua evidente ilegalidade, para minha surpresa, o mundo caiu em minha cabeça. Desde o próprio ministro da Educação, que me ordenou continuar pagando o contrato ilícito, já que sabia muito bem que era imposto pelo funcionário do BID; ele afirmava que, se não o fizesse, perderíamos os créditos. Depois de me negar a pagar, quando acharam que podiam ocultar os ilícitos – entre outras coisas se modificaram os termos de referência, *depois* de contratada a consultoria, para incluir o título de arquitetura e fazê-la se qualificar para o cargo –, fui despedido de forma ilegal, incluído como não cumpridor do contrato estatal, apesar de ser funcionário público. Ainda quiseram me acusar de incompetente; quando em uma fraudulenta avaliação de dez itens, fui classificado como insuficiente... até em comunicação oral!

Foi surpreendente como quase todas as instâncias de controle fizeram vista grossa diante desses fatos ou se converteram em cúmplices descarados, pois o maior desejo deles era também trabalhar em uma dessas organizações internacionais. Houve casos impressionantes. O funcionário da então Secretaria Nacional de Desenvolvimento Administrativo (Senda), encarregado do acompanhamento desses projetos, fez um relatório fraudulento dizendo que não existia nada ilícito, *vendeu* sua renúncia à Senda e *imediatamente* foi contratado como consultor dos projetos MEC-BID.

Depois de uma luta de vários anos, durante os quais tive inclusive de enfrentar processos judiciais como retaliação por minhas denúncias, a justiça me deu razão e ordenou o fim do contrato ilegal. Apesar de a sentença manifestar que houvera peculato, não se condenou ninguém, com o argumento de que o principal implicado tinha sido o especialista setorial do BID, que gozava de imunidade diplomática, e de que os demais funcionários, incluindo o ministro da Educação, apenas o haviam "obedecido".

Finalmente, depois de mais de dois anos e quando o caso era já indefensável, a "sanção" a esse funcionário internacional corrupto foi a aposentadoria antecipada, de forma reservada, para evitar "escândalos", enquanto para a consultora contratada de forma fraudulenta, coautora e beneficiaria do ilícito, após o fim do contrato, o desonesto funcionário do BID imediatamente conseguiu outro posto, então no

Banco Mundial na Costa Rica, já que nessa área burocrática internacional todo mundo se conhece, e é um mundo de impressionantes circuitos de favores mútuos.

Anos depois, já como ministro da Economia da República do Equador, recebi uma visita do vice-presidente do BID, delegado pelo presidente do Banco para se desculpar por ele, pois haviam se inteirado de tudo o que acontecera e do que eu tive de suportar. Foram desculpas muito tardias e depois de demasiada impunidade. De fato, se eu não tivesse chegado a ministro, jamais teriam sido apresentadas. Por outro lado, todos os corruptos saíram premiados, desde o triste ministro da Educação daquela época, nomeado posteriormente, por essas aberrações da política equatoriana, vice-presidente da República, passando pelo funcionário do BID "drasticamente" punido com sua aposentadoria antecipada, seguindo pela consultora-geral, assim como pelos burocratas equatorianos que, traindo a pátria, prestaram-se a essas trapaças – hoje muitos deles são também prósperos funcionários de organismos internacionais.

Graças à corrupção das burocracias internacionais e nacionais, o único prejudicado foi o funcionário honesto que cumpriu seu dever. Em resumo, frequentemente essas burocracias internacionais não só são corruptas, mas também corruptoras.

Os dólares como instrumento de chantagem

Em abril de 2005, o Equador estava em crise em razão da traição total aos eleitores por parte do presidente Lucio Gutiérrez, cujo governo demonstrou uma desonestidade tão grande que só era superada por sua incompetência. No dia 20 desse mês, diante da magnitude das manifestações populares na chamada "rebelião dos foragidos", o coronel Gutiérrez fugiu do palácio do governo e foi substituído pelo vice, o dr. Alfredo Palacio, que no dia seguinte fez a gentileza de me nomear ministro de Economia e Finanças da República do Equador. Naquele mesmo dia, chegaria ao Equador Pamela Cox, na época vice-presidenta do Banco Mundial, para a assinatura do empréstimo n. 7.276-EC de livre disponibilidade por um total de 200 milhões de dólares e a entrega de 100 milhões de dólares correspondentes ao primeiro desembolso. Esse crédito tinha sido aprovado meses antes, pelo banco, pois, como fora estipulado, até dezembro de 2004 o país tinha cumprido com todas as condições exigidas. Nunca chegaram nem Pamela Fox, nem o cheque. Várias vezes me reuni com o representante do Banco Mundial no Equador para saber o que estava acontecendo. Nunca me esquecerei do sorriso, entre irônico e pesaroso, esperando que eu entendesse como funcionava o mundo e quem eram os que nele mandavam.

Depois de três meses de adiamentos, pretextos e exigências, tais como novas avaliações e aprovações do FMI à programação macrofiscal, eu tive de viajar a Washington para me reunir com Pamela Cox, que pessoalmente me informou – devo reconhecer a sinceridade anglo-saxã – que o empréstimo estava cancelado pela reforma da lei de Transparência Fiscal e a revogação do infame fundo chamado Feirep (ver Capítulo 6). Pouco tempo depois, apenas 105 dias após eu ter assumido o cargo de ministro e de tentar realizar uma política econômica soberana, por pressões dos organismos financeiros internacionais e dos tradicionais grupos de poder locais, tive de renunciar ao cargo.

Em abril de 2007, semanas depois de minha posse como presidente da República do Equador e de esperar em vão explicações pela grosseira tentativa de chantagem citada, expulsei do país o representante do Banco Mundial e seu sorriso irônico. Já era hora de que essa burocracia internacional aprendesse a nos respeitar.

Nossos queridos OCP

Em meio ao descalabro que a América Latina viveu nos últimos anos, surgiu uma nova espécie de tecnocratas. Eles são caracterizados por estar acima do bem e do mal, adoram a ortodoxia, são conservadores e supostamente prudentes; por isso, com todo o carinho, chamamos essa nova e poderosa espécie de economistas "ortodoxos, conservadores e prudentes", ou, simplesmente, os OCP[9].

Quem não seguir seus postulados é um vulgar populista. Suas receitas são tão simples quanto inúteis: todo o problema se deve ao Estado, grande demais. Assim, seria preciso diminuir de qualquer maneira o gasto fiscal, tratando dentro do possível de reduzir salários, transferências a governos locais etc. Para eles, como diz Eduardo Galeano, o problema não é a má distribuição de recursos, mas o excesso de comensais. Claro que a característica mais persistente dessa nova camada de seres celestiais é, além de seus irritantes simplismo e incapacidade, a descarada vinculação com o setor financeiro e com organismos internacionais, com os quais frequentemente vão trabalhar depois de se terem sacrificado pela pátria em cargos como os de ministros da Fazenda, diretores do Banco Central etc.

Para eles, o desenvolvimento é um problema técnico, em que qualquer ato político mancha a "pureza" da estratégia, tentando assim que os economistas sejam

---

[9] Sigla que alude ironicamente ao duto de óleos pesados do Equador: OCP (*Oleoducto de Crudos Pesados*).

elevados a pouco menos que sumos sacerdotes e legitimando que burocratas apátridas façam o bem e o mal para os países. Como eles são os iluminados, as decisões econômicas não devem ser julgadas, e quanto mais brutais e antipopulares suas medidas, mais técnicos se consideram. Qualquer desavisado que queira atuar de maneira distinta, buscando não o apoio das burocracias internacionais, mas o apoio popular, será considerado um populista qualquer.

Diante do clamoroso fracasso das receitas, os OCP argumentarão que o problema foi a falta de rapidez e de profundidade das medidas e que da próxima vez será preciso liberalizar, privatizar, realizar os ajustes fiscais etc., de forma mais rápida e brutal. Tudo isso nos remete aos médicos da Idade Média, que achavam que as doenças se curavam sugando o sangue do paciente; quando esse falecia, concluíam que da próxima vez seria preciso sugar mais rapidamente e em maior quantidade. Ainda que saibamos que – como os médicos da Idade Média – os OCP logo serão encontrados apenas em museus, o problema é quantos pacientes mais eles matarão até que cheguemos a esse esperado momento.

Como não podia deixar de ser, os OCP são muito respeitosos com os compromissos internacionais, o que implica pagar a dívida externa nacional, se possível maximizando o valor dos bônus, para com isso demonstrar que somos países "sérios". Claro que em geral são eles mesmos ou os grupos para o quais trabalham os credores das dívidas, e, assim, essa seriedade também os torna bastante prósperos. Jamais cairão no populismo de pensar que, além dessas questões, existem compromissos nacionais, como a educação, a saúde, o emprego, e que um país fica verdadeiramente mal quando, como no caso do Equador, vê 2 milhões de seus cidadãos indo para a Espanha, a Itália, os Estados Unidos etc., desesperados devido à falta de oportunidades na própria terra.

Para nossos queridos OCP, "não ficar mal" é ter cautela e pagar a dívida – e que os credores, os bancos de investimento, a burocracia internacional e afins os convidem aos respectivos coquetéis e seminários, em que, com cara de paisagem, darão pinta de moral e de políticas econômicas saudáveis, concluindo que o mais importante é reduzir o "risco país" e, assim, ter o menor custo possível... para voltarmos a nos endividar!

O novo "indicador" de qualidade das políticas econômicas: o risco país

Uma das grandes contribuições do neoliberalismo foi ter sofisticado os mecanismos de dominação do Terceiro Mundo. De fato, em vez de botas, para subjugar os países hoje é suficiente o risco país, falácia que todo mundo comenta e que muitos poucos entendem.

A medição mais comum do "risco país" não é outra coisa senão a diferença em centésimos de pontos percentuais entre o rendimento de mercado dos bônus de um país e o rendimento de um ativo supostamente sem risco, em geral os bônus do Tesouro dos Estados Unidos. Se o bônus de um país tem um valor *nominal* de cem dólares e rendimento *nominal* de 5%, essa nação pagará um cupom *fixo* de cinco dólares. Se, dadas as dúvidas sobre a capacidade de pagamento, o bônus se vende a um valor de *mercado* de cinquenta, ou seja com um *desconto* de 50%, o cupom *fixo* de cinco dólares significará um rendimento *efetivo* de 10% – foi quanto "subiu" o risco país. Note-se que, por outro lado, quanto maior o valor do bônus no mercado, menor o risco país. E os bônus podem ser vendidos com *prêmio*, isto é, além do valor nominal; assim, o rendimento efetivo é menor que o rendimento nominal, e o risco país diminui bastante.

Em resumo, a única coisa que o risco país faz é medir a *vontade e a capacidade* de uma nação cumprir seus "compromissos externos", ou seja, pagar pontualmente a dívida externa. Apesar disso, como que por mágica, o risco país busca ser o principal indicador de qualidade das políticas econômicas e um guia para os investidores estrangeiros.

Para evidenciar o absurdo dessa pretensão, como a "incerteza" de um processo eleitoral em geral aumenta o risco país, uma grande "política econômica" seria... eliminar as eleições! Além disso, suponhamos que se instaurasse em uma nação uma ditadura sangrenta, na qual se escravizassem os cidadãos e todos os excedentes se destinassem à dívida externa. Baixaria o risco país e, com esse "critério", as políticas econômicas locais seriam extraordinárias.

O risco país, além disso, pode ser um guia para o investimento estrangeiro especulativo, os famosos "capitais voláteis", que foram tão nefastos para a América Latina, mas de forma nenhuma servirá para o verdadeiro investimento estrangeiro direto que busca criar empresas por meio de projetos rentáveis.

O risco país no máximo indica o custo financeiro a que uma nação poderá se endividar no mercado internacional; por sua vez, a pretensão de elevar ao máximo o indicador de qualidade do controle de nossas economias não será senão uma das tantas armadilhas para condicionar as políticas econômicas aos interesses do capital financeiro e uma mostra de como uma ideologia banal se converteu em ciência.

Referências bibliográficas

CALOMIRIS, Charles. When Will Economics Guide IMF and World Bank Reforms?. *Cato Journal*, v. 20, n. 1, 2000.

GREEN, Duncan. *Silent Revolution. The Rise of Market Economics in Latin America*. Londres, Cassell, 1995.

METZLER, Allan. Report of the International Financial Institutions Advisory Comission. *US Congressional Report*, mar. 2000.

PERKINS, John. *Confessions of an Economic Hit Man*. San Francisco, Berett-Kohler, 2004.

REICH, Robert. Trial Ties up Senate? Don't Worry, Congress is Irrelevant. *USA Today Newspaper*, 9 jan. 1999, p. 15A.

SUMMERS, Lawrence. Memorando interno do Banco Mundial, dez. 1991. *The Economist*, 8 fev. 1992, p. 66.

TAYLOR, Lance. The Revival of the Liberal Creed: the IMF and the World Bank in a Globalized Economy. *World Development*, v. 25, n. 2, 1997, p. 145-52.

RUMO A UMA NOVA POLÍTICA ECONÔMICA

12. ALÉM DA ECONOMIA AUTISTA

Recursos produtivos: poupança e investimento

Como vimos, em economia é muito frequente confundir meios com fins, assim como ideologia com ciência. Por essa razão, nós nos deparamos com "princípios econômicos" que embora não resistam à menor análise, converteram-se em medidas arbitrárias do sucesso da política econômica. É o caso da estabilização de preços como fim último da macroeconomia; reduzir o misterioso "risco país", independentemente do "risco social"; conquistar cada vez mais altos superávits fiscais, seja qual for a situação real da economia.

Ao longo deste livro, insistimos que a *economia* é uma ciência de variáveis reais e que a verdadeira estabilidade econômica é conseguir o máximo de crescimento e de empregos produtivos sustentáveis ao mesmo tempo. Para isso, são necessárias forças *internas* de acumulação e de progresso, os chamados *recursos produtivos*, que, do ponto de vista tradicional, foram assumidos como o talento humano, ou a quantidade e a qualidade de recurso humano com que o país conta; o capital físico, ou a quantidade de bens de capital e infraestrutura; o capital tecnológico, ou a quantidade de conhecimento, técnicas etc. disponíveis e *assimilados* pela nação; e, por fim, o capital natural, ou a quantidade de recursos naturais nacionais.

Até o século XXI, a abundância de recursos naturais e o capital físico eram considerados os principais fatores de produção, mas a segunda metade do século XX demonstrou que as economias de maior sucesso foram as que desenvolveram seu talento humano e o adequado uso de tecnologia, condições necessárias – ainda que, como veremos adiante, não suficientes – para o crescimento e o desenvolvimento. Em outras palavras, com desenvolvimento humano e tecnologia pode-se fazer florescer o deserto, sem essas condições, pode-se desertificar até o jardim mais florido.

Podemos definir como *investimento produtivo* a acumulação, a preservação ou a reposição desses capitais. Ainda que a chave de toda política de crescimento sustentável seja o investimento produtivo em geral, normalmente e de forma errônea se considerou como investimento apenas a acumulação de capital físico, entre outros motivos, e como já mencionamos, pela grave confusão entre análise contábil e análise econômica.

Para o acúmulo de capital físico e diante da suposta falta de poupança nacional, a estratégia do país, assim como toda a América Latina, foi recorrer sem maior reflexão ao investimento estrangeiro privado, fatores *externos* de acumulação. No entanto, considerou-se investimento estrangeiro qualquer coisa, incluindo privatizações que não aumentavam o acervo de capital físico, ao mesmo tempo que se acreditou que todo investimento estrangeiro era bom, quando em determinadas situações ele pode tirar de um país muito mais do que lhe concede. Um exemplo dramático disso foram as privatizações das empresas de serviços públicos argentinas nos anos 1990, "investimento estrangeiro" que, além de não significar criação de mais capital físico, deu a setores privados estrangeiros poder monopólico sobre serviços fundamentais para a população, e, ao levar para o exterior lucros sem gerar divisas, ajudaram a deterioração do setor exportador, precipitando a derrubada da convertibilidade.

O paradoxal de tudo isso é que a América Latina tem capacidade de poupança e, em consequência, de investimento nacional, mas, devido a falhas institucionais, imperfeições de mercado e ausência de ação coletiva, essa poupança, muitas vezes pública, não é mobilizada para o investimento produtivo e é levada por diferentes mecanismos para fora da região, financiando assim os países mais desenvolvidos.

No caso equatoriano, pelos fatores anotados e também pela política econômica aplicada, em 2004, 6,4% do PIB em poupança nacional estavam imobilizados ou fora do país, o que não era só ineficiente em relação à alocação de recursos, como tinha um forte efeito recessivo ao extrair recursos do fluxo circular da economia.

Nesse sentido, então, a estratégia de atrair investimento estrangeiro adequado – devidamente regulamentado e controlado, à diferença do período neoliberal em que havia privilégios sobre o investimento nacional – deve ser complementar ao investimento nacional, não substituta dele; para isso são necessárias políticas de incentivo à poupança nacional, assim como reformas para uma maior eficiência em sua mobilização para o investimento produtivo. Isso implica uma coordenação institucional que permita e inclusive ordene aos grandes poupadores do próprio setor público mobilizar fundos para o investimento produtivo; reformas legais que obriguem o sistema bancário a cumprir seu papel de intermediário financeiro; o fortalecimento de bancos públicos que possam competir com os privados em relação ao custo do dinheiro e à qualidade da alocação de recursos; e o desenvolvimento de um mercado de capitais que permita novos canais de financiamento para o investimento produtivo (ver Quadro 12.1).

QUADRO 12.1 – Deficiências na mobilização da poupança nacional para o investimento produtivo: três exemplos ilustrativos

1. Morrendo de sede ao lado da fonte

O maior poupador do próprio setor público nacional, o Instituto Equatoriano de Segurança Social (Iess), teve, durante 2004, saldos no Banco Central em torno de 777 milhões de dólares, enquanto a produção estatal de petróleo diminuiu por falta de investimento. Com uma adequada coordenação interinstitucional, o Iess pôde financiar a Petroequador para o recondicionamento de seus poços e, assim, obter um investimento seguro (o colateral seria o próprio petróleo), em curto prazo (o investimento total se recupera no mesmo ano) e de alto retorno (o investimento de 500 mil dólares em um poço pode gerar mais de 2 milhões de dólares anuais), que beneficia o próprio Iess e recupera a produção estatal do país*.

Como se mencionou no Capítulo 4, esses fundos são parte da reserva monetária internacional, desnecessária com a dolarização, dado que não há moeda nacional a respaldar. Essa reserva, que no último semestre de 2004 chegou a uma média 1,53 bilhão de dólares e que significa fundamentalmente poupança nacional e, ainda mais, pública, era investida pelo "autônomo" Banco Central no exterior, financiando assim países do Primeiro Mundo em troca de rendimentos extremamente baixos, em geral próximos de 1%, enquanto no país existiam projetos de grande rentabilidade.

2. Poupança privada financiando o exterior

Em 2004, os bancos privados mantinham investimentos financeiros no exterior em torno de 2,1 bilhões de dólares, montante maior do que o saldo

* MRNNR, *Análisis de rentabilidad de pozos* (Quito, 2009).

> médio de toda a reserva monetária internacional, sob o argumento da necessidade de ter reservas de alta liquidez, uma vez que na dolarização não há prestamista de última instância. Esses fundos eram colocados no exterior com taxas muito menores que as da captação, perda que era compensada por elevadas taxas ativas de juros, o que tinha um efeito recessivo enorme. Com um adequado fundo de liquidez devidamente coordenado e uma apropriada regulamentação – basicamente o estabelecimento de um coeficiente de liquidez doméstica para os bancos –, toda essa ineficiência teria sido minimizada.
>
> 3. Distorções na alocação e no poder de mercados
> Segundo a Superintendência de Bancos e Seguros, durante 2004 os bancos nacionais privados destinaram apenas 6,7% do número e 29% do volume de crédito para a agricultura, a construção e a manufatura, que são os principais geradores de emprego; ao mesmo tempo, uma elevada porcentagem se destinou ao crédito para o consumo, que tem apenas efeito indireto sobre o emprego, já que muitos dos produtos consumidos são importados. Por outro lado, cinco bancos controlavam quase 60% do volume de crédito. Novamente, tudo isso poderia ser otimizado com adequada regulamentação e intervenção dos bancos públicos.

Eficiência, competitividade e o papel do Estado

Uma política de investimentos adequada requer incentivos fiscais para uma eficiente destinação de recursos que o mercado por si só não pode garantir. De fato, pelo menos em teoria, a empresa privada tem incentivos apropriados para conseguir a *eficiência produtiva* ou a eficiente utilização dos recursos em seus usos alocados, mas não há nada que garanta a *eficiência alocativa*, entendida como o envio dos recursos aos usos *socialmente* mais valiosos. Isto é, se em princípio uma empresa privada de eventos esportivos vai construir e administrar um estádio de futebol da forma mais eficiente, nada garante que todo o trabalho humano, o capital financeiro, os materiais de construção etc. não eram socialmente mais necessários na construção de escolas ou hidroelétricas. Se esse é um problema em toda a sociedade, torna-se muito mais grave em mercados tão imperfeitos como o equatoriano, nos quais existe poder de mercado, uma visão marcadamente de curto prazo e uma péssima distribuição de renda, que altera todos os preços relativos da economia. Por isso, como se explicou no Capítulo 10, coisas com pouco valor podem ter preços altos, e, como consequência, é para esses bens que o mercado dirige os recursos sociais. É nesse ponto que surge um dos vínculos teóricos mais fortes entre equidade e desenvolvimento: quanto maior a equidade, menor a distorção de preços relativos e, com isso, maior a eficiência alocativa por parte do mercado. Vale lembrar que mobilizar a poupança para o investimento com eficiência produtiva e alocativa é a *essência* da política de crescimento, que no fundamentalismo neoliberal supostamente constitui uma das conquistas do mercado, parte da famosa "mão invisível" de Adam Smith – tão invisível que, ao menos nesse aspecto, ninguém conseguiu vê-la, já que nenhum país do mundo se desenvolveu sem políticas explícitas de crescimento.

Nesse sentido, o papel do Estado é fundamental, primeiro, pela mencionada eficiência alocativa e, em especial, pela provisão de bens públicos que melhoram a competitividade sistêmica, tal como a infraestrutura econômica. Uma empresa pode ser muito eficiente em termos produtivos, mas o contrário não é necessariamente verdade. Como consequência, o problema da competitividade não depende só de empresas eficientes, mas constitui uma *transformação social* que, além de produtividade, pelo menos inclui adequado talento humano, eficiência burocrática e, como se mencionou, conveniente provisão de bens públicos. Além do que foi dito, a competividade depende também de fatores estruturais, entre eles o tamanho do mercado nacional e do próprio setor industrial, como apresentou-se no Capítulo 9. Tome-se como exemplo uma empresa de Cuenca que produz malas e atende a um mercado de 10 mil pessoas; ela pode ser mais *eficiente*, porém menos *competitiva*, que uma empresa chinesa do mesmo ramo que atenda a um mercado de 10 milhões de pessoas, pois esta última provavelmente enfrentará custos médios muito menores, graças às economias de escala. Para que essas restrições sejam superadas, requer-se novamente a intervenção do Estado com estratégias explícitas de desenvolvimento, tais como a integração regional, a prioridade de compras públicas para produtores nacionais, adequadas proteções ao comércio exterior e planejamento nacional em geral. Lembrando que a qualidade das políticas públicas também é considerada bem público.

Recordemos que há ainda um papel muito importante para o Estado no apoio à "descoberta" de novas atividades de produção, uma vez que, por falhas de mercado como exterioridade de informação, de coordenação e falta de provisão de bens públicos setoriais, o investimento privado mostrou-se sub-ótimo[1]. Isso

---

[1] Dani Rodrick, *Industrial Policy for the Twenty-First Century* (Faculty Research Working Papers Series, Harvard University, 2004).

explicaria o baixo padrão de diversificação produtiva da América Latina se comparada com países asiáticos em que o Estado assumiu um papel ativo para resolver as mencionadas falhas de mercado.

Um investimento público adequado é *complementar* ao investimento privado, e os *efeitos de deslocamento* (*crowding out*) que o investimento público gera no curto prazo, ao supostamente disputar poupança nacional com o setor privado – um dos argumentos do fundamentalismo neoliberal para pregar contra o investimento público – convertem-se, em médio prazo, em *efeitos incorporação* (*crowding in*), já que geram maior investimento privado por meio de melhorias na competitividade sistêmica.

Novamente, então, verifica-se o papel fundamental da ação coletiva e do Estado para o desenvolvimento, que contradiz frontalmente a apologia neoliberal do individualismo como motor da sociedade. Portanto, é necessário que a América Latina e, em especial, o Equador, supere absurdos sem fundamento teórico nem empírico como o de um Estado mínimo como sinônimo de modernização e de progresso e reconheça que o Estado deve ser protagonista, não somente um árbitro passivo do desenvolvimento econômico.

Por uma nova arquitetura financeira regional

Um passo fundamental para a otimização na utilização da poupança regional e para deixar a América Latina muito mais eficiente no uso de seus recursos é a Nova Arquitetura Financeira Regional (NAFR). Seu eixo se baseia em um novo processo de desenvolvimento, de um fundo comum de reservas, de um sistema de pagamentos e de um sistema monetário comum, que pode começar com a emissão de direitos regionais de giro e uma moeda contábil regional.

Em relação ao banco regional de desenvolvimento e ao fundo comum de reservas, a justificativa é simples: ao mesmo tempo que os países latino-americanos buscam financiamento, a região tem centenas de bilhões de dólares em reservas investidos no Primeiro Mundo, o que constitui um verdadeiro absurdo. Isso não apenas significa financiar ingenuamente os países mais ricos, mas também reflete em perdas óbvias de centenas de milhões de dólares, ao enviar as reservas e ganhar paupérrimos rendimentos, enquanto se pega emprestado nosso próprio dinheiro a taxas muito superiores. O instrumento fundamental para essa aberração, como se mencionou no Capítulo 4, foram os bancos centrais "autônomos", a cargo do investimento das reservas. Trazer essas reservas, juntá-las e administrá-las adequadamente para financiar o desenvolvimento da própria região, assim como utilizá-las para respaldar potenciais crises financeiras e de balança de pagamentos por meio de um fundo de reserva regional, mais que um imperativo econômico, constitui um imperativo do senso comum.

Com a implementação de uma moeda contábil e de um sistema regional de pagamentos, a região poderá reduzir os requerimentos artificiais de dólares no comércio regional e nos mercados financeiros e, portanto, também na necessidade técnica de reservas, o que permitirá liberar reservas excedentes para financiar o banco de desenvolvimento. Por outro lado, um fundo comum também reduz o total de reservas necessárias mesmo diante do perigo de choques simultâneos e de riscos correlacionados. Ao *juntar* reservas, com a mesma quantidade de recursos, tem-se mais segurança. Para entender isso, imaginemos um bairro com cem casas, cada uma com um valor de 50 mil dólares; cada família tem capacidade de poupança de 10 mil dólares. Separadamente, nenhuma família terá o suficiente para recuperar sua casa em caso de desastre, mas, se juntarem as poupanças, poderão repor simultaneamente até vinte casas. Em outras palavras, trata-se de coordenação e ação coletiva com objetivo de ter maior proteção e eficiência, isto é, integração em vez de competição.

A NAFR nos permitirá ter políticas monetárias e de desenvolvimento muito mais autônomas, sem depender dos caprichos do mercado internacional. Inclusive impedirá que paguemos uma remuneração ilegítima – a senhoriagem – às potências emissoras da moeda utilizada para o intercâmbio intrarregional. A *senhoriagem*, termo que vem da Idade Média como lembrança dos recursos que obtinham os senhores feudais pelo simples fato de emitir moedas, é a renda obtida pelo país emissor da moeda utilizada como meio de câmbio. De onde vem esse capital? Muito simples. Se comerciamos em dólares e se cada cadeira intercambiada entre os países da América Latina vale dez dólares, ao emitir uma nota de dez dólares, os Estados Unidos estão se apropriando de uma de nossas cadeiras!

Por tudo isso, sem dúvida a NAFR será um passo transcendental para a verdadeira soberania e a independência das nações latino-americanas.

Uma visão integral do problema da dívida

Vimos, ao longo deste livro, que, desde o fim do século XX, as novas balas e botas para dominar nossos países passaram a ser os dólares. A dependência financeira e o problema da dívida externa foram os melhores instrumentos para impor políticas que tiveram como eixo central não o desenvolvimento de nossos povos, mas o benefício do grande capital, em especial do especulativo.

Lamentavelmente não haverá solução integral e justa para o problema da dívida enquanto a lógica financeira não for substituída por uma lógica de desenvolvimento. De acordo com a lógica financeira, se um país tem problemas, é prioritário cobrar-lhe mais caro, porque há mais riscos; a lógica do desenvolvimento nos diria exatamente o contrário. No caso da dívida já contraída, é também necessário redefinir o critério de sustentabilidade do serviço da dívida, determinar a dívida externa ilegítima, assim como promover a criação de um tribunal internacional de arbitragem da dívida soberana.

Enquanto do ponto de vista unicamente financeiro a sustentabilidade do serviço da dívida significa tudo o que um país pode quitar sem comprometer pagamentos futuros, independentemente dos níveis de bem-estar a que submete sua população, um critério de sustentabilidade adequado, feito com base em uma lógica de desenvolvimento, deve considerar implicações de bem-estar, concatenando o serviço da dívida e níveis mínimos de vida para os habitantes.

Existe também dívida externa ilegítima, adquirida em situações duvidosas, que não foi utilizada para os fins para os quais foi contratada ou que já foi paga várias vezes. Logo depois de definir adequadamente o critério de sustentabilidade e o que é dívida ilegítima, um tribunal internacional, na condição de terceiro imparcial, deveria decidir a quantia da dívida, a capacidade e o modo de pagamento de todos os países endividados, em perfeita analogia com as leis de falência dos países desenvolvidos. Cabe mencionar que hoje não existe esse terceiro imparcial e os países endividados têm de recorrer ao FMI, precisamente o representante dos credores!

Os países latino-americanos não precisam de perdão da dívida, mas de um adequado fluxo simples de financiamento. No caso do Equador, a transferência simples com as instituições multilaterais de crédito era recorrentemente negativa, o que significa que pagava mais do que recebia dessas instituições. Claro que não se podia falar de ajuda para o desenvolvimento enquanto essa situação perdurasse.

Assim, o Equador e a América Latina deveriam se tornar independentes desses organismos financeiros internacionais, que, como se demonstrou no capítulo anterior, são representantes de paradigmas e interesses estrangeiros. Mais do que isso, em razão de todos os condicionamentos, os créditos multilaterais de livre disponibilidade – que servem essencialmente para pagar esses mesmos organismos ou quitar a dívida comercial – e, em geral, o financiamento dessas instituições são as novas formas de subordinar nossos países.

Os papéis se invertem: a dívida ecológica

Ao mesmo tempo que os países latino-americanos devem e transferem grandes quantidades de recursos financeiros ao Primeiro Mundo, o que é um importante obstáculo para seu desenvolvimento, as nações da bacia amazônica contribuem para o sustento de parte significativa da biodiversidade mundial e para o equilíbrio climático. No entanto, como são *bens de livre acesso*, esses países não recebem a justa compensação pelo serviço que prestam. É necessário, então, promover também a criação de uma instância internacional que valorize os bens ambientais gerados pelos países endividados e, por sua vez, cobre o consumo desses bens dos países industrializados contaminadores, assim como a dívida ecológica – o dano ambiental já gerado. Com esses fundos, os países benéficos ao meio ambiente poderiam pagar os credores sem comprometer seu desenvolvimento, dentro de um enfoque não de caridade, mas de justiça.

Talvez um dos mais importantes avanços da economia de mercado – com ajuda de oportuna regulação e ação coletiva – tenha sido a busca de um balanço ambiental por meio da concessão dos chamados créditos de carbono a projetos que ajudam a reduzir as emissões de gases de efeito estufa. Os créditos, um dos três mecanismos de redução de emissões propostas no Protocolo de Kyoto, em 1997, são negociáveis, e cada um representa o direito a emitir uma tonelada de dióxido de carbono. Reconheceu-se que esses primeiros incentivos foram insuficientes e injustos, entre outras razões porque o sistema premiava os países que reflorestavam, mas impedia qualquer compensação aos países que não haviam desmatado e cujos bosques contribuíam à absorção de dióxido de carbono. Por isso, atualmente se discute a possibilidade de pagar aos países em desenvolvimento pelo valor do carbono armazenado em seus bosques, evitando o desflorestamento e criando um atrativo financeiro à gestão florestal sustentável – esse processo ficou conhecido como mecanismo Redd (Reducing Emissions from Deforestation in Developing Countries).

Ainda que sejam passos importantes, são insuficientes, ineficientes e, inclusive, inconsistentes. A ideia de compensar o desflorestamento evitado é só parte de um conceito mais amplo, que é *compensar a contaminação direta evitada*. Caso se ampliem os incentivos de Kyoto sobre essa contaminação direta evitada, dar-se-ia uma virada revolucionária nos intercâmbios internacionais, ao transformar muitos países – sobretudo aqueles em vias de desenvolvimento – em exportadores de serviços ambientais. Seria, em particular, uma revolução das políticas energéticas. Os diferentes países produtores de combustíveis de origem fóssil, altamente contaminadores, teriam liberdade para escolher entre extrair esses recursos ou deixá-los no subsolo e, assim, serem compensados pelas emissões de dióxido de carbono evitadas. Deve-se perceber que a decisão de extrair ou não petróleo, em contaminação direta evitada, é análoga a cortar ou não o bosque. Em outras palavras, não sujar o meio ambiente é equivalente a ajudar a limpá-lo.

Como se mencionou, esse tipo de iniciativa tem imensas implicações. Os países pobres geradores de bens ambientais teriam a justa compensação pelos incalculáveis serviços que oferecem à vida de todo o planeta, sem necessidade de recorrer a cooperação, intercâmbios, caridades etc., reitere-se, em função da justiça; ao mesmo tempo, seria permitida a passagem de economias extrativistas a economias exportadoras de serviços, no caso, ambientais.

A resposta à pobreza de muitos países é, assim, enfatizar uma lógica de justiça, não de mercado, compensando países que geram bens e serviços, independentemente de eles terem ou não capacidade de exclusão. Em outras palavras, compensar a geração de valor, e não exclusivamente a produção de mercadorias. No entanto, não nos enganemos: para conseguir tudo isso é necessário que se mudem as relações mundiais de poder. Imaginem vocês se a situação fosse inversa, se os geradores de bens ambientais fossem os países ricos, e os países pobres fossem os agentes contaminadores. Quem duvida de que há algum tempo, invocando, claro, o direito internacional, a moral e a ética, teriam nos obrigado – inclusive à força – a pagar-lhes uma "justa compensação"? Lamentavelmente, como observava Trasímaco há mais de 3 mil anos, a justiça é apenas a conveniência do mais forte.

O acúmulo de capital tecnológico, o talento humano e a classe empresarial

O desenvolvimento tecnológico foi o motor do crescimento no século XX, levou a humanidade a níveis sem precedentes de bem-estar e fez que, definitivamente, a abundância de recursos naturais deixasse de ser a principal fonte de riqueza. O acúmulo de capital tecnológico implica não somente gerar – o que é difícil para países pobres –, mas também *generalizar* o uso de novas tecnologias, o que supõe capacidade de mudança. Utilizando um conceito darwiniano, pode-se afirmar que as espécies que sobrevivem não são as mais fortes, mas as que melhor se adaptam às mudanças.

De acordo com o Banco Interamericano de Desenvolvimento, o gasto em investigação e desenvolvimento no Equador em 2003 foi de apenas 0,055% do PIB, menos de um décimo da média da América Latina, superando tão somente o do Haiti, e isso considerando o contexto da região, que só produz de 1,2% a 1,5% do desenvolvimento tecnológico mundial[2]. No mesmo ano, apenas 0,03% do orçamento do Estado foi destinado à investigação e ao desenvolvimento.

Apesar de o problema ser tanto do setor privado como do público, poucas vezes a participação deste último é tão importante. Uma vez que a maior parte do desenvolvimento tecnológico é um *bem público*, isto é, de livre acesso e de utilização coletiva sem prejuízo mútuo, a empresa que investe em investigação e desenvolvimento gera um benefício social pelo qual não recebe retribuição, e, como consequência, seu nível de investimento é sub-ótimo; com isso, novamente é necessária a intervenção do setor público com adequados incentivos e subsídios.

Quanto ao investimento em talento humano, além de ser um fim em si mesmo, constitui o *melhor* investimento para um crescimento de longo prazo com equidade. Cabe indicar que rejeitamos o termo "capital humano", bastante utilizado no enfoque tradicional, pois converte o ser humano em um simples fator a mais de produção, quando ele é, de fato, o *princípio e o fim* desse processo.

O Equador era um dos cinco países latino-americanos com menor investimento social *per capita*. Enquanto a média latino-americana se encontrava em 475 dólares por habitante, o gasto social equatoriano era de 93 dólares[3]. Ainda que existam sérios problemas de qualidade no investimento social nacional, as cifras demonstram que também é um problema de recursos; com isso, manter ou reduzir o gasto público nesses setores, argumentando que o problema, como em geral repetem certos analistas, é apenas de eficiência, e não de quantidade, não resiste a nenhuma análise séria. Essa reflexão inclui também o tão decantado gasto corrente em setores sociais – salários, capacitação etc. –, o que, como mencionado, economicamente pode constituir o melhor investimento em talento humano.

Apesar da importância do investimento social, a partir dos anos 1990, observou-se a diminuição do gasto em saúde e educação como porcentagem do PIB e um claro processo de exclusão a favor do serviço da dívida pública e em detrimento do gasto social, tendência que esteve bastante representada no Equador, como vimos no Capítulo 8, com a Lei de Transparência Fiscal, aprovada em 2002 e que destinava 70% dos novos recursos petrolíferos para a recompra da dívida pública e somente 10% deles para o investimento social.

---

[2] Alberto Melo, *La competitividad de Ecuador en la era de la dolarización: diagnóstico y propuestas* (Nova York, BID, Research Department, jul. 2003).

[3] Cepal, *Estadísticas e indicadores sociales – Cepalstat* (2009). Dados para o ano de 2004, com dólares na cotação de 2000.

A *classe empresarial* também é parte fundamental desse talento humano. Empresário é aquele que cria empresa, que não é outra coisa senão organizar fatores de produção para gerar bens e serviços – esse é o motivo de a classe empresarial ser indispensável em toda sociedade, independentemente de o empresário buscar o lucro, como bom capitalista, ou outros tipos de objetivo. Vale lembrar que a madre Teresa de Calcutá, com sua imensa obra mundial, também foi uma extraordinária empresária.

Referindo-se aos empresários capitalistas – para que, mesmo na busca por lucro, sejam alcançados objetivos socialmente desejáveis, além da ilusão da concorrência –, o importante é que mantenham quatro éticas fundamentais: a ética com seus trabalhadores, pela distribuição justa do valor agregado pela empresa, assim como pela garantia de um ambiente de trabalho adequado e de estabilidade; a ética com seus consumidores, com o não abuso da posição de mercado e o oferecimento dos melhores bens e serviços a preços apropriados; a ética com a sociedade e o Estado, com o pagamento de tributos, o cumprimento das leis do respectivo país e o favorecimento do desenvolvimento local por meio, por exemplo, da contratação de trabalhadores da localidade; e a ética com o meio ambiente, não baseando a atividade da empresa na degradação nem na destruição da natureza e, assim, não gerando uma falsa rentabilidade.

Reflexões fora do simplismo economicista

O enfoque tradicional sobre os recursos produtivos foi ineficiente para explicar os processos bem-sucedidos de desenvolvimento. Um exemplo paradigmático foi a Rússia, que, nos anos 1990, tendo todos os "capitais" tradicionais – imensos recursos naturais, capital físico, grande talento humano e avançada tecnologia –, viu seus níveis de bem-estar e de desenvolvimento retrocederem de maneira dramática. O problema está, mais uma vez, no fato de que o enfoque tradicional e a teoria do crescimento desconhecem fundamentos coletivos, como o capital social, o capital institucional e o capital cultural de um país. Cabe indicar que os motivos básicos para essa omissão são o traço da investigação econômica "moderna", que em geral assume que aquilo que não é observável ou devidamente quantificável simplesmente não existe, e as limitações analíticas da economia neoclássica, dominante no pensamento econômico atual, ao descartar tudo o que não pode ser fundamentado nos comportamentos individuais. Em outras palavras, para o *mainstream*, é preferível estar rigorosamente equivocado do que vagamente certo.

A realidade é que os países bem-sucedidos foram sociedade motivadas, com energias intrínsecas, que olharam juntas para os mesmos objetivos, socialmente coesas – conjunto de características que se conhece como "capital social". Apesar de ter sido ignorado na literatura econômica, um número crescente de evidências demonstra que esse capital específico é uma condição *necessária* para o desenvolvimento nacional, sem o que os demais capitais não funcionam. Lamentavelmente, nas últimas décadas, é clara a deterioração do capital social da América Latina, fenômeno que em grande medida pode ser vinculado à estratégia de desenvolvimento baseado no individualismo de mercado e aos programas de estabilização e de ajuste estrutural, muitas vezes desenhados em função do cumprimento de compromissos externos e sem considerar os grandes compromissos nacionais, rompendo, dessa forma, a confiança mútua e a coesão social. Um exemplo representativo de políticas destrutivas do capital social é quando se trata de flexibilidade laboral nas sociedades que não têm capacidade de gerar emprego ou não possuem seguro-desemprego ou quando os salários se convertem na variável de ajuste diante das crises, enquanto se destinam muitos recursos para remunerar o capital e, em particular, para a dívida externa. Em consequência, as políticas econômicas devem integrar seus efeitos sobre o capital social, considerando sua preservação como fundamental para o desenvolvimento e superiores a temporários e, muitas vezes, apenas aparentes ganhos econômicos.

Nos últimos anos incorporou-se à análise econômica uma dimensão largamente ignorada no enfoque tradicional: o capital institucional, que surgiu com força na chamada nova escola institucionalista e que mereceu dois prêmios Nobel nos anos 1990 (Ronald Coase, em 1991, e Douglass North com Robert Fogel, em 1993). No entanto, o problema das instituições, fundamental para uma ciência que supostamente trata de explicar o desenvolvimento, foi levado em conta por críticos da economia clássica e neoclássica, como Thorstein Veblen (1857--1929), há mais de um século. Cada vez mais investigações tratam da importância do capital institucional e de como qualquer tentativa de explicar o desenvolvimento com abstração das instituições é um deliberado reducionismo da realidade.

Comumente se considera capital institucional o conjunto de regras formais com as que se organiza e se coordena uma sociedade, assim como as organizações criadas para seu cumprimento e sua execução. Um exemplo claro disso são as leis e o sistema de justiça e, em geral, o que se entende como *Estado de direito*, o império da lei. Ainda que um adequado capital institucional tenha implicações em todos os aspectos da vida social e dos direitos individuais, de um ponto de vista exclusivamente econômico, a primeira e principal política econômica em toda sociedade é a construção de um marco institucional, claro e previsível adequado, que permita aos indivíduos e ao coletivo tomar a maior quantidade de decisões econômicas acertadas. Douglass North e Robert Thomas propõem que a chave de desenvolvimento do Ocidente foi a presença de Estados de direito e instituições que permitissem reduzir o risco e realizar investimentos de longo prazo[4].

As regras formais frequentemente estão afetadas e dominadas por regras informais, provenientes da cultura de um país, do conjunto socialmente transmitido de ideias, crenças, visões e valores acerca do mundo e da sociedade. A cultura e as regras informais que ela implica podem servir para reforçar as instituições formais que provêm desenvolvimento e progresso ou até suprir a inexistência de adequadas regras formais. Porém, lamentavelmente, certos antivalores culturais também podem anular as instituições formais necessárias para o avanço social e econômico e prevalecer como mecanismos de atraso e de subdesenvolvimento.

Nesse sentido, alguns dos antivalores da cultura latino-americana que constituem poderosos obstáculos para que funcionem as instituições formais e, em particular, a democracia e o Estado de direito são, entre outros, a *cultura da armadilha*, um inexplicável desejo de romper as regras formalmente estabelecidas, no qual o que faz mais e de melhor forma não é o mais sem vergonha, mas apenas o mais "sabido"; com isso, destrói-se toda capacidade de organização. Um exemplo é a generalizada evasão de impostos, muitas vezes transformada em esporte nacional na América Latina. Outro antivalor é a *cultura do poder*, na qual as ações se dão em função não dos direitos e das obrigações estabelecidos pelas regras formais, mas pela conveniência do conjunturalmente mais poderoso. Por fim, há o que os psicólogos chamam de *dissonância cognitiva*, a incoerência entre os valores expressados e os praticados, o que faz que, no plano abstrato, fique-se furiosamente contra certas condutas e situações, como a corrupção e a impunidade, e, no cotidiano, aja-se em função do supostamente rejeitado.

Os mencionados antivalores fazem que as regras formais, ainda mais considerando a debilidade das organizações para fazê-las cumprir, fiquem frequentemente como simples enunciados. Em conclusão, conseguir uma mudança cultural adequada em um país talvez seja a contribuição mais importante à democracia, ao Estado de direito, ao capital institucional formal e, em consequência, ao fim último da economia, que é o desenvolvimento.

---

[4] Douglass Cecil North e Robert Paul Thomas, *The Rise of the Western World: a New Economic History* (Nova York, Cambridge University Press, 1973).

Finalmente, diante da ausência de sociedades motivadas e coesas, de instituições formais sólidas e da necessidade de criar valores e atitudes que acelerem o progresso, o papel dos líderes é fundamental. Liderança é a capacidade de influenciar, sendo possível utilizá-la para servir aos demais, ou se servir dos demais, o que, infelizmente, foi o que prevaleceu na América Latina quando existiam líderes fortes. Boas lideranças são fundamentais para suprir ausência de capital social, institucional e cultural, e sua importância diminuirá na medida em que elas mesmas ajudarem a consolidar esses capitais. Lamentavelmente, como observamos no Capítulo 9, de todas as crises pelas quais a América Latina passou durante a longa e triste noite neoliberal, é provável que a maior delas tenha sido a falência de líderes.

REFERÊNCIAS BIBLIOGRÁFICAS

BANCO CENTRAL DO EQUADOR. *80 años, información estadística*. Quito, 2006.
CEPAL. *Estadísticas e indicadores sociales – Cepalstat*. 2009.
MINISTERIO DE RECURSOS NATURALES NO RENOVABLES (MRNNR). *Análisis de rentabilidade de pozos*. Quito, 2009.
MELO, Alberto. *La competitividad de Ecuador en la era de la dolarización: diagnóstico y propuestas*. Nova York, BID, Research Department, jul. 2003.
NORTH, Douglass Cecil; THOMAS, Robert Paul. *The Rise of the Western World: A New Economic History*. Nova York, Cambridge University Press, 1973.
OECD. *OECD Tax Database*. 2009. Disponível em: <www.oecd.org>; acesso em: 4 mar. 2015.
RODRICK, D. *Industrial Policy for the Twenty-First Century*. Faculty Research Working Series Papers Series. Cambridge-MA: Harvard University, 2004.

GLOSSÁRIO E LISTA DE SIGLAS

Glossário

Alca: Projeto que pretendeu expandir o Tratado de Livre Comércio da América do Norte (México, Canadá e Estados Unidos) a 34 países do continente americano, com exceção de Cuba. O objetivo era eliminar barreiras de livre comércio entre os países-membros.

Anatocismo: Ação de cobrar juros sobre os juros de uma dívida.

Balança comercial: Esquema contábil que registra as *exportações* e as *importações* de bens de um país.

Balança de pagamentos: Esquema contábil que registra todas as transações monetárias de um país com outras nações.

Banco Central: Instituição cuja fundamental e indelegável função é a emissão da moeda nacional (instituto emissor). Geralmente também desempenha as funções de custódio das reservas, prestamista de última instância (banco de bancos) e responsável pela política monetária (controle da oferta de dinheiro).

Bens de consumo coletivo ou bens clubes: São bens para os quais não existe, pelo menos até certo nível, *rivalidade de consumo*. Ex.: cinema.

Bens livres ou de livre acesso: bens sem *capacidade de exclusão*. Ex.: paisagens.

Bens privados: Bens com *rivalidade de consumo* e com *capacidade de exclusão*. Ex.: maçã.

Bens públicos: Bens sem *rivalidade de consumo* e sem *capacidade de exclusão*. Ex.: defesa nacional.

Better off: Termo anglo-saxão que significa se encontrar em uma situação melhor que a anterior.

Blue-collar: Termo anglo-saxão para denominar aos membros da classe operária que normalmente desempenham trabalhos manuais, em oposição aos *white-collar*, colarinho branco, trabalhadores profissionais ou com altos níveis de educação que desempenham trabalhos profissionais ou administrativos gerenciais.

Bônus: Título legal emitido por uma empresa ou pelo Estado, que compromete o emissor a pagar juros periódicos (cupom) e a devolver o valor do principal na data do vencimento (às vezes chamada, por uma tradução ruim do inglês, de "data de maturação").

Bônus cupom zero: Título sem juros, mas que se paga integralmente no momento do vencimento. Em compensação, seu preço é menor do que o *valor nominal* (bônus com desconto).

Bônus Par: Título vendido pelo *valor nominal*, diferindo dos bônus com prêmio, que são vendidos acima do *valor nominal*, e os bônus com desconto, que se vendem abaixo do *valor nominal*.

Call option: O comprador tem o direito, mas não a obrigação, de comprar um título financeiro a um preço determinado dentro de um período fixo de tempo.

Câmbio nominal: Valor de uma moeda expresso em termos de outra moeda.

Câmbio real: Preços no exterior expressos em moeda nacional, em relação aos preços nacionais.

Cancelamento da dívida: Equivalente à extinção ou à eliminação da dívida por efeitos legais.

Capacidade de exclusão: Característica técnica de um bem que implica a capacidade de impedir seu consumo ou seu desfrute pelos que, por exemplo, não paguem por ele. Diz-se, nessas circunstâncias, que os bens estão submetidos ao "princípio da exclusão". Os bens sem capacidade de exclusão são conhecidos como *bens livres ou de livre acesso*.

Capital volátil: Termo utilizado para se referir ao investimento financeiro especulativo que compra títulos financeiros de um país para especular com eles e obter altas rentabilidades no curto prazo, mas criando grande volatilidade na quantidade de divisas do país.

Capital institucional: Conjunto de regras formais com que se organiza e se coordena uma sociedade, assim como as organizações criadas para seu cumprimento e sua execução. Exemplo: leis e sistema de justiça.

Capital tecnológico: Acúmulo de conhecimentos, técnicas e novas tecnologias disponíveis e assimiladas por uma sociedade.

Cartas de intenção: Documento mediante o qual um país-membro do FMI formalmente solicita um acordo para o uso dos recursos financeiros do Fundo, comprometendo-se a cumprir os condicionamentos impostos.

Causalidade: Relação entre duas variáveis de tal forma que a mudança em uma variável gera mudança na outra. Ex.: maior presença de doenças em uma área faz que se mandem médicos para lá.

Causalidade invertida: Considerar que os efeitos de certas ações ou fenômenos são as causas deles. Erro muito frequente na análise econômica e na modelização econométrica, quando se muda a direção em que se relacionam duas variáveis. Ex.: se para onde há doenças se envia maior quantidade de médicos, conclui-se que a presença de mais médicos acarreta mais doenças.

Choques exógenos: Eventos que têm impacto positivo ou negativo na economia e que não são determinados pelo sistema econômico. Ex.: desastres naturais.

Clube de Paris: Foro informal no qual se reúnem credores oficiais e países devedores. Sua função é coordenar formas de pagamento e renegociação de dívidas externas dos países e instituições de empréstimo. É integrado de maneira permanente por: Alemanha, Austrália, Áustria, Bélgica, Canadá, Dinamarca, Estados Unidos, Espanha, Finlândia, França, Irlanda, Itália, Japão, Noruega, Rússia, Países Baixos, Reino Unido, Suécia e Suíça.

Coeficiente de liquidez doméstica: Proporção de liquidez que uma instituição financeira deve representar em relação à liquidez total do país.

Comissão de compromisso: Pagamento de juros sobre os saldos de desembolsos de um empréstimo. Mecanismo utilizado especialmente pelo BID e pelo Banco Mundial.

Competitividade: Capacidade de uma empresa ou um país oferecer bens e serviços com um custo de oportunidade menor que o dos concorrentes.

Competitividade sistêmica: Capacidade de uma região ou um país permitir às empresas oferecer bens e serviços com menores custos de oportunidade. Ex.: existência de adequadas vias de transporte.

Concessão: Quando o Estado outorga a uma pessoa ou instituição, por um período de tempo determinado, o direito de exploração ou administração de bens ou serviços.

Consenso de Washington: Sintetiza-se pela primeira vez em 1990, por iniciativa do economista inglês John Williamson. Foram colocados dez instrumentos de política econômica neoliberal para países em vias de desenvolvimento com o fim de alcançar um sistema capitalista mundial baseado na liberdade de mercado: 1. disciplina fiscal; 2. redução do gasto público; 3. reforma tributária; 4. liberalização das taxas de juros; 5. câmbio competitivo; 6. liberalização do comércio; 7. liberalização da entrada de investimento estrangeiro; 8. privatização; 9. desregulamentação; e 10. direitos de propriedade. Esse nome foi adotado porque, consensualmente, foram estabelecidas medidas por instituições financeiras e organismos do governo dos Estados Unidos com sede em Washington.

Contaminação direta evitada: Contaminação total que se reduz ou se deixa de produzir pela ação ou pela omissão de algum agente.

Contratos de participação: Modalidade contratual em que o Estado recebe uma porção da produção petroleira.

Contratos de prestação de serviços: Modalidade contratual mediante a qual o Estado paga uma tarifa fixa por barril de petróleo extraído. Todos os custos em que incorra a empresa, mais que um lucro razoável, devem estar incluídos nessa tarifa. Um contrato de prestação de serviços adequadamente negociado deveria tornar indiferente a exploração pública ou privada do petróleo, já que a renda do dono do recurso, o Estado, seria praticamente a mesma.

Convertibilidade: Sistema cambial que fixa irreversivelmente o valor da moeda nacional em termos de outra mais estável, como o dólar ou o euro (câmbio fixo extremo).

Corner solutions: Termo anglo-saxão utilizado para definir as soluções cambiais "extremas", basicamente um câmbio fixo extremo ou muito flexível.

Correlação: Tendência de duas variáveis se moverem juntas. Ex.: renda e consumo.

Crédito de carbono: Títulos transacionáveis que representam o direito de emitir uma tonelada de dióxido de carbono. Os projetos que ajudam a reduzir as emissões de gases de efeito estufa são suscetíveis de emitir créditos de carbono, os quais podem ser adquiridos por empresas de países industrializados. É um dos três mecanismos propostos no Protocolo de Kyoto para reduzir as causas do aquecimento global.

Cultura: Conjunto socialmente transmitido de ideias, crenças, visões e valores acerca do mundo e da sociedade.

Custo de oportunidade: O benefício que se deixa de receber pelos recursos se eles estiverem alocados a seus usos mais valiosos. Para tornar o conceito funcional na tomada de decisões, utiliza-se como referência a taxa de juros.

Custo médio: Custo total dividido por cada unidade de produção.

Déficit: Situação em que as saídas são maiores do que as receitas de um agente.

Déficit comercial: Situação em que as *importações* de um país são maiores do que as *exportações*.

Déficit fiscal: Situação em que os gastos do Estado são maiores do que as receitas.

Depreciação: Ver *Desvalorização*.

Desemprego: Situação de pessoas em condição e com vontade de trabalhar por uma remuneração, mas que se encontram sem esse tipo de trabalho.

Desvalorização: Redução do valor de uma divisa em termos de outras divisas, em um *sistema de câmbio fixo ou controlado*. Em um *sistema de câmbio livre ou flexível*, essa redução de valor se chama *depreciação*.

Dissonância cognitiva: Incoerência entre os valores expressos e os valores praticados.

Dívida ecológica: Obrigação internacional que as nações ou as indústrias deveriam ter pelo dano ambiental que causam.

Dívida pública: Obrigação financeira que o Estado tem com os habitantes (dívida interna) ou com os estrangeiros (dívida externa). Geralmente se adquire por meio da emissão de bônus ou de empréstimos.

Doença holandesa: Situação em que a receita de grandes quantidades de divisas, fruto do incremento na exportação de um produto que não se respalda em incrementos de *produtividade* (em geral, um recurso natural não renovável), gera inflação interna, mas o câmbio fixo nominal se mantém, em uma *valorização* real da moeda, tirando *competitividade* do país e impedindo o desenvolvimento de outro tipo de *exportações*.

Dolarização: Sistema em que a moeda nacional é substituída pelo dólar, em suas três funções: reserva de valor, unidade de conta e como meio de pagamento. Constitui também um *sistema de câmbio fixo extremo*, dado que implicitamente se estabeleceu de maneira irreversível o valor da moeda nacional em termos do dólar.

Drawback: É um regime aduaneiro especial, por meio do qual os impostos cobrados a bens importados são devolvidos, total ou parcialmente, quando esses bens são incorporados em outros para exportação (princípio de não exportar impostos).

Economia aberta: Economia que mantém intercâmbios comerciais e financeiros com o resto do mundo.

Economia primário-exportadora: Economia que se caracteriza por depender altamente da exportação de produtos sem nenhuma transformação, em geral recursos naturais não renováveis e bens agrícolas. No caso equatoriano, por exemplo, o petróleo e a banana.

Economias de escala: Redução do custo médio à medida que aumentam as unidades de produção.

Efeito deslocamento (*crowding out*): Situação que se produz quando há um elevado gasto público ou déficit orçamentário, que leva o Estado a competir com o setor privado pela poupança nacional e, dessa forma, diminui o investimento privado. Supõe um cenário de pleno emprego, isto é, assume que não existe poupança nacional imobilizada.

Efeito incorporação (*crowding in*): Situação que se produz quando um adequado gasto público atrai investimento privado, especialmente pela melhoria na *competitividade sistêmica* e por questões de complementaridade.

Eficiência: Situação em que a sociedade se aproveita da melhor maneira possível de seus recursos.

Eficiência alocativa: Envio de recursos a seus usos socialmente mais valiosos.

Eficiência produtiva: Utilização dos recursos da melhor maneira possível nos usos alocados, dados os preços, as preferências e as tecnologias.

Emissão inorgânica: A autoridade competente imprime dinheiro de uso legal sem que esteja adequadamente respaldado pela produção de bens e serviços.

Empresário: Pessoa que organiza fatores de produção para gerar bens e serviços.

Enfoque centro-periferia: Metodologia de análise em que o centro do sistema de relações econômicas internacionais é ocupado pelos países industrializados, que organizam o sistema em função de seus interesses, economias diversificadas, alto progresso técnico e *produtividade homogênea*. A periferia se caracteriza pelo atraso técnico, reduzida diversificação econômica e grande heterogeneidade da produtividade, o que pressiona os salários para baixo e deteriora os *termos de troca*.

Especialização: Quando indivíduos e países concentram seus esforços em um conjunto particular de tarefas, o que permite que utilizem da melhor maneira possível suas capacidades e recursos.

Establishment: Termo utilizado para definir grupos dominantes dedicados a preservar o *status quo* em uma sociedade.

Eurobônus: Bônus ou obrigações emitidos no mercado europeu.

Exportações: Bens produzidos no país, mas vendidos no exterior.

Externalidades: Custo (externalidade negativa) ou benefício (externalidade positiva) que se produz por uma ação e que recai sobre agentes que não intervêm nela. Ex.: contaminação.

Falhas do mercado: Situação em que o mercado não usa os recursos de maneira eficiente. Podem ser resumidas como ausência de *concorrência* perfeita, carência de informação completa para todos os agentes, existência de outra classe de bens além dos bens privados puros e mercados incompletos. Também chamado de *imperfeições de mercado*.

Fundo de liquidez: Figura que atua como emprestador de última instância e outorga créditos de liquidez às instituições financeiras, que contribuem com uma porcentagem de seus depósitos de fundo.

Garantias de depósitos: Garantia, geralmente por parte do Estado, para assegurar, em caso de crise de uma entidade financeira, os depósitos realizados pelos clientes.

Gasto corrente: Aplicação de dinheiro que, de acordo com a definição tradicional, não tem como contrapartida a geração de um ativo. Ex.: gasto em salários.

Gasto de investimento: Aplicação de dinheiro que tem como contrapartida a geração de um ativo. Ex.: gasto em infraestrutura.

Gasto permanente: São aqueles em que o Estado deve incorrer de maneira contínua. Ex.: gasto em salários. Note-se que os *gastos de investimento* em geral não são permanentes. Uma saudável *política fiscal* implica respaldar o gasto permanente com a *receita permanente*, tais como impostos.

Grande Depressão: Período caracterizado por um alto *desemprego* e uma brusca queda dos preços em vários países. Associa-se com o acontecido nos Estados Unidos e outros países desenvolvidos no período de 1929 a 1933, ainda que vários países latino-americanos também tenham sido afetados por essa situação.

Imperfeições de mercado: Ver *Falhas do mercado*.

Importações: Bens produzidos no exterior e comprados pelo país.

Imposto à circulação de capitais: Imposto criado com a Lei AGD, em 1999. Substituiu o imposto de renda e consistiu uma comissão de 1% sobre o montante de acreditação ou depósito em contas correntes, contas de poupança, depósitos a prazo ou qualquer outro meio de investimento ou poupança, além de cheques, transferências ou pagamentos de qualquer natureza realizados ao exterior, com ou sem a intermediação de instituições do sistema financeiro.

Imposto de renda: Imposto em função da renda que alguém recebe (pessoa física) ou que uma empresa ganha (pessoa jurídica).

Imposto inflacionário: É a diminuição, em decorrência da inflação, pela qual passa o valor do dinheiro em poder do público. É equivalente a uma transferência de recursos para autoridade central que emite a moeda.

Imposto progressivo: Imposto pelo qual a taxa impositiva implícita se eleva à medida que se incrementa a receita do contribuinte. Dessa forma, quem mais ganha é quem mais paga em proporção à renda.

Imposto regressivo: Imposto pelo qual a taxa impositiva implícita diminui à medida que se incrementa a receita do contribuinte. Dessa forma, quem ganha mais é que paga menos em proporção à renda. Todo imposto que se estabelece como porcentagem fixa sobre o preço dos bens é regressivo. Ex.: Imposto ao Valor Agregado (IVA). Se o IVA é de 10% e um bem custa cem dólares, significa que dez dólares são pagos de imposto independentemente de quanto se ganha. Se uma pessoa tem um salário de mil dólares, isso é 1% do salário; se ganhar 100 mil dólares, esse imposto representa apenas 0,01% do salário.

Imposto Tobin: Imposto proposto por James Tobin, Prêmio Nobel de Economia de 1981, de acordo com os fluxos internacionais de capitais e com o objetivo de diminuir a velocidade do capital especulativo e gerar recursos para o desenvolvimento dos países pobres.

Indústria nascente: Corrente de pensamento que considera que as indústrias domésticas emergentes devem ser protegidas até que sejam estáveis e maduras e alcancem economias similares às dos concorrentes.

Industrialização substitutiva de importações: Estratégia de desenvolvimento que busca industrializar um país por meio da substituição de importações. Baseia-se em conceitos como *indústria nascente* e *intercâmbio desigual*.

Inflação: Variação anual dos preços em geral, expressa em porcentagem.

Insuficiência dinâmica: Incapacidade de gerar excedentes significativos para manter o crescimento.

Intercâmbio desigual: Ideia de que os países periféricos são prejudicados no comércio internacional por meio da deterioração dos *termos de troca*.

Investigação e Desenvolvimento (I + D): Gasto destinado a desenvolver novas tecnologias e sua aplicação prática.

Investimento estrangeiro direto: Geração de ativos produtivos no país realizada por residentes estrangeiros.

Isolamento ilegítimo: Omissão de fatores relevantes na construção de modelos e teorias econômicas. Termo cunhado por Gunnar Myrdal, Prêmio Nobel de Economia, em 1974.

Laissez faire: Galicismo que representa o princípio econômico associado ao pensamento clássico, segundo o qual o Estado deve intervir o menos possível na economia ("deixar fazer").

Livre comércio: Comércio não regulamentado pelo Estado mediante *tarifas* ou outras barreiras de entrada. As *exportações* e as *importações* têm lugar de forma espontânea como resultado da oferta e da demanda do mercado internacional.

Lógica contrafatual: Erro de análise ao assumir que, se um evento gera um resultado positivo ou negativo, o oposto desse evento gera o efeito contrário. Ex.: se uma alta inflação é ruim, pensar que quanto mais baixa ela seja, inclusive negativa, vai ser melhor.

Mainstream: Anglicismo que significa *corrente principal*. Utilizado para denominar o pensamento dominante em um ramo científico.

Mão invisível (Adam Smith): Metáfora utilizada para ilustrar que o fim de lucro individual em um sistema institucionalizado chamado mercado, sem a vontade expressa dos atores, leva a melhores condições sociais.

Maquila: Regime fiscal e legal surgido no México e copiado em vários países da América Latina que permite a existência de maquiladoras, empresas que importam materiais livres de tarifas e que se utilizam de mão de obra local barata na elaboração, transformação ou reparo com vistas à exportação para os próprios países de origem dos materiais importados. Em geral, são de propriedade estrangeira.

Mercado de carbono: Mercado em que se negociam os *créditos de carbono* e os CER (Certificado de Emissões Reduzidas ou créditos de carbono).

Modelo econômico: Conjunto de pressupostos e de dados que os economistas utilizam para estudar um aspecto da economia e para realizar predições sobre o futuro ou sobre as consequências das distintas mudanças de política.

Modelo ISI: Estratégia de *Industrialização Substitutiva de Importações*.

Monopólio: Indústria que produz um bem ou um serviço para o qual não existe substituto próximo; quando há um único ofertante.

Monopólio natural: *Monopólio* que existe quando os custos médios de produção são decrescentes a um maior nível de produção, fazendo que a concorrência não seja possível nem desejável, ao ser socialmente mais eficiente uma única empresa produzindo mais que várias competindo.

Objetividade espúria: Termo cunhado pelo economista sueco Gunnar Myrdal, Prêmio Nobel de Economia em 1974. Utiliza-se quando, pretendendo uma análise científica, ocultam-se avaliações e interesses políticos.

Padrão dólar: Câmbio fixo extremo, similar ao *padrão-ouro*, no qual praticamente se elimina a *política monetária*, já que a quantidade de dinheiro depende de uma proporção fixa de dólares na economia.

Padrão-ouro: Sistema monetário que fixa o valor de uma divisa em função de determinada quantidade de ouro. As reservas de ouro deviam ser equivalentes à quantidade de notas em circulação na economia em função da proporção estabelecida por cada moeda. Utilizou-se até a Primeira Guerra Mundial.

Paradoxo da frugalidade: Situação em que a crescente poupança pública e privada gera uma redução no consumo, com efeitos recessivos e redução da renda nacional, diminuindo a capacidade de poupança e incrementando os *déficits fiscais*.

PIB *per capita*: Valor de todos os bens e serviços produzidos na economia dividido por toda a população de um país. Ver também *Produto Interno Bruto*.

Pobreza: Situação em que não há renda suficiente para satisfazer as necessidades básicas, incluindo alimentação, saúde, habitação, educação e saúde.

Pobreza extrema: Situação em que não há renda suficiente nem sequer para arcar com o custo de uma cesta de alimentos que satisfaça os requisitos nutricionais de uma pessoa.

Política comercial: Política que tem instrumentos como *tarifas*, contingentes e outros mecanismos que estimulem as *exportações*.

Política fiscal: Política que tem como instrumentos variáveis que afetam as entradas ou as saídas do Estado – esses são basicamente o nível de gasto público em bens e serviços, as transferências do Estado, a estrutura impositiva e o preço dos serviços públicos.

Política monetária: Política que tem como instrumento a quantidade de dinheiro na economia. Seus instrumentos primários são: a *emissão monetária*, as operações de mercado aberto com as quais o *Banco Central* aumenta ou diminui o dinheiro na economia e o desconto bancário, que afeta a capacidade do sistema bancário de gerar meios de pagamento. No caso de *sistemas cambiais fixos ou controlados*, o câmbio se converte em mais um instrumento de política. Em caso de sistemas de taxas de juros controladas, a taxa se converte nesse instrumento de política.

Política proativa: Política que as autoridades utilizam para incentivar ou desincentivar os diferentes setores da economia em função dos objetivos nacionais.

Política reativa: Política que as autoridades utilizam em resposta a determinados problemas econômicos.

População Economicamente Ativa (PEA): População que está em idade de trabalhar e que tem a capacidade e a vontade de trabalhar.

Principal: Quantidade de dinheiro sobre a qual se calcula os juros de uma dívida.

Privatização: Processo pelo qual o Estado transfere ao setor privado empresas públicas ou funções que antes o setor público desempenhava.

Produtividade: É a relação entre a produção e os recursos empregados para conseguir essa produção.

Produto Interno Bruto (PIB): Valor em termos monetários dos bens e serviços finais produzidos pelos habitantes de um país durante um período determinado.

Produto Nacional Bruto (PNB): Valor em termos monetários de bens e serviços finais produzidos por agentes nacionais, independentemente de estarem dentro ou fora do país, em um período determinado.

Protecionismo: Política consistente em proteger as indústrias nacionais da concorrência dos bens estrangeiros.

Receita permanente: Dinheiro que o Estado recebe de maneira contínua no tempo. Ex.: receitas tributárias ou de tarifas. Note-se que as receitas por recursos naturais não renováveis não são permanentes.

Recessão: Período em que o produto e o emprego estão em baixa.

Reserva monetária internacional: Corresponde ao montante dos ativos externos de alta liquidez do *Banco Central*.

Reservas: Dinheiro que um banco tem para o caso de as pessoas quererem sacar.

Resultado global: Déficit ou superávit fiscal, considerando o gasto em juros e sem incluir o pagamento de amortização da dívida. É o resultado fiscal mais importante, dado que determina a sustentabilidade fiscal, já que reiterados déficits globais implicam o incremento da dívida pública.

Resultado orçamentário: Déficit ou superávit fiscal considerando o gasto em juros e as amortizações da dívida. Esse resultado determina a necessidade de financiamento.

Resultado primário: Déficit ou superávit fiscal sem considerar o gasto em juros nem o pagamento de amortizações da dívida.

Revalorização: Ver *Valorização*.

Risco moral: Perigo de dar incentivos aos agentes econômicos para que aumentem a probabilidade do sucesso que se quer evitar.

Risco país: A diferença em centésimos de pontos percentuais entre o rendimento de mercado dos *bônus* de um país e o rendimento de um ativo supostamente sem risco, em geral os bônus do Tesouro dos Estados Unidos.

Rivalidade de consumo: É a característica técnica de um bem; implica que o consumo ou o desfrute por parte de um agente prejudica o consumo ou o desfrute desse bem por parte do resto de agentes. Os bens sem rivalidade de consumo são chamados de *bens de consumo coletivos ou bens clubes*.

Salário mínimo: É o valor mínimo, fixado legalmente, que os empregadores devem pagar a seus trabalhadores.

Salvatagem: Neologismo utilizado no Equador para se referir à ação de destinar recursos do Estado ou, através dele, recursos dos cidadãos para atender problemas do setor empresarial privado.

Seguro-desemprego: Pagamento feito pelos governos às pessoas desempregadas por um período de tempo determinado.

Senhoriagem: Renda que o governo recebe como resultado de seu poder monopolista da impressão da moeda.

Serviço da dívida: Pagamento por conceito de amortização de capital e juros que o devedor faz ao credor.

Sicários econômicos: Termo cunhado por John Perkins. "São profissionais muito bem pagos que enganam países ao redor do globo por trilhões de dólares. Eles canalizam o dinheiro a partir do Banco Mundial, da Agência Estadunidense para o Desenvolvimento Internacional (Usaid) e de outras organizações internacionais que 'ajudam' os cofres de grandes corporações."

Sistema cambial fixo ou controlado: Sistema em que o câmbio é determinado pela autoridade competente.

Sistema cambial flexível ou livre: Sistema de câmbio que se adapta ao mercado em função da oferta e da procura.

Sistema de bandas: Sistema em que o câmbio é parcialmente fixo, isto é, pode flutuar livremente dentro dos limites fixados. Quando o câmbio se aproxima dos limites superiores ou inferiores, o *Banco Central* intervém com instrumentos de *política monetária* para mantê-lo dentro do esperado.

Subemprego: Situação em que as pessoas trabalham por renda inferior ao salário mínimo ou trabalham menos horas de que gostariam e buscam ativamente trabalhar mais horas.

Sucretização: Processo pelo qual o Estado equatoriano assumiu a dívida externa privada diante de credores internacionais. Em condições excepcionais, converteu as obrigações em dólares dos agentes econômicos privados em obrigações em sucres.

Superávit: Situação em que as receitas são maiores do que os gastos.

Tarifas: Imposto sobre os bens *importados*.

Taxa de desemprego: Reflete o número de pessoas sem emprego como porcentagem da *população economicamente ativa*.

Taxa de juros: Porcentagem do que está investido um capital financeiro por unidade de tempo.

Termos de troca: A relação entre os preços dos bens dos países periféricos em relação aos preços dos bens dos países do centro.

Tratado de Livre Comércio: Acordo comercial, bilateral ou regional, pelo qual se reduzem substancialmente ou se eliminam as *tarifas* para o intercâmbio de bens entre as partes. No caso de serviços, há acordos.

Valor nominal: O valor com que foi emitido um bônus.

Valorização: Incremento do valor de uma divisa em relação a outras divisas em um sistema de câmbio fixo ou controlado. Em um sistema de câmbio livre ou flutuante, esse incremento de valor se chama apreciação.

Vantagem comparativa: Vantagem original que um país tem para elaborar um produto e produzir um bem com menor custo que em outras nações.

Vantagens comparativas dinâmicas: A criação de uma *vantagem comparativa* em uma indústria mediante a mobilização de trabalho qualificado, tecnologia e capital. O governo, além disso, pode gerar políticas para promover oportunidades de mudança ao longo do tempo.

Variáveis nominais: Expressas em unidades monetárias.

Variáveis reais: Expressas em unidades físicas.

Lista de siglas

AGD Agência de Garantia de Depósitos
Alba Aliança Bolivariana para os Povos da Nossa América
Alca Área de Livre Comércio das Américas
ATPDEA Andean Trade Promotion and Drug Eradication Act (Lei de Promoção Comercial Andina e Erradicação de Drogas)
BCE Banco Central do Equador
BID Banco Interamericano de Desenvolvimento
Caic Comissão de Auditoria Integral do Crédito Público
CAN Comunidade Andina
CDR Certificados de Depósitos Reprogramáveis
Cepal Comissão Econômica para a América Latina e o Caribe
CFN Corporação Financeira Nacional
Ciadi Centro Internacional de Arreglo de Diferencias Relativas a Inversiones (Centro Internacional para a Resolução de Diferendos Relativos a Investimentos)
Conade Conselho Nacional de Desenvolvimento
Conam Conselho Nacional de Modernização
Cordes Corporação para o Desenvolvimento
CRM Centro de Reabilitação de Manabi
FED Federal Reserve System (Sistema de Reserva Federal)
Feirep Fundo de Estabilização, Investimento Social e Produtivo e Redução do Endividamento Público
FMI Fundo Monetário Internacional
IE Bônus Brady IE – Equiparação de Juros (*Interest Equalification*)
Iess Instituto Equatoriano de Segurança Social
ISI Industrialização Substitutiva de Importações
IVA Imposto ao Valor Agregado
Junapla Junta Nacional de Planificação
MEC Ministério de Educação e Cultura
NAFR Nova Arquitetura Financeira Regional
OCP Oleoducto de Crudos Pesados (Oleoduto de Óleos Pesados)
OIT Organização Internacional do Trabalho
OMC Organização Mundial do Comércio
Opep Organização de Países Exportadores de Petróleo
PDI Bônus Brady PDI – Dívida por diferença no pagamento de juros (*Past-due Interest Bands*)
PEA População Economicamente Ativa
PIB Produto Interno Bruto
PNB Produto Nacional Bruto
Promeceb Promoção da Educação Básica
Redd Reducing Emissions from Deforestation in Developing Countries (Redução de emissões por desflorestamento em países em vias de desenvolvimento)
SEC Securities and Exchange Commission (Comissão de Valores e Bolsa)
Senda Secretaria Nacional de Desenvolvimento Administrativo
Senplades Secretaria Nacional de Planificação
Siise Sistema Integrado de Indicadores Sociais do Equador

Sote Sistema de Oleoduto Transequatoriano
SSB Salomon Smith Barney
TLC Tratado de Livre Comércio
Usaid United States Agency for International Development (Agência Estadunidense para o Desenvolvimento Internacional)

Evo Morales, primeiro líder indígena a tornar-se presidente de uma nação na história do continente latino-americano

Publicado em 2015, dez anos após a eleição de Evo Morales para a presidência da Bolívia – unindo indígenas, camponeses, operários e setores da classe média urbana na luta contra a privatização da água e pela nacionalização dos recursos naturais, Morales derrotou a direita tradicional –, este livro foi composto em Adobe Garamond Pro, corpo 10,5/14,6, e impresso em papel Avena 80 g/m² pela Intergraf, em outubro, para a Boitempo Editorial, com tiragem de 3 mil exemplares.